공모주 투자로 월세 받기

공모주 투자로 월세 받기

2024년 9월 20일 초판 인쇄
2024년 9월 20일 초판 발행
펴 낸 이 | 김정철
펴 낸 곳 | 아티오
지 은 이 | 윤종현
마 케 팅 | 강원경
기획진행 | 김미영
표   지 | 김지영
편   집 | 페이지엔
전   화 | 031-983-4092
팩   스 | 031-983-4093
등   록 | 2013년 2월 22일
주   소 | 경기도 고양시 일산동구 호수로 336 (브라운스톤, 백석동)
홈페이지 | http://www.atio.co.kr

* 아티오는 Art Studio의 줄임말로 혼을 깃들인 예술적인 감각으로
  도서를 만들어 독자에게 최상의 지식을 전달해 드리고자 하는
  마음을 담고 있습니다.

공모주 투자로 월세 받기

윤종현 지음

아티오
ArtStudio

목차

3부. 실전 공모주 돌입

4부. 공모주 수익금 활용 방법

5부. 돈에 관한 생각 및 노후를 위한 대비

프롤로그

"이제 은퇴하려면 얼마나 남았을까?"

"글쎄…, 한 10~15년이면 은퇴하지 않겠어."

지금 30대 후반에서 40대 초반의 직장인들이 한 번쯤 해봤을 대화의 내용이다. 늘어나는 기대 수명과 이에 반해 짧아진 직장 근무 수명이 반비례하는 아이러니한 상황에 직면해 있다.

집값 또한 이미 천정부지로 치솟아서 무주택자들이 집을 사기에도 쉽지 않은 상황이며, 연봉인상률은 물가상승률을 따라가지 못한 지 오래되었다.

결국에 모든 직장인의 종착지가 치킨집 사장이라는 웃지 못할 이야기를 들으며 과연 직장인들의 해답은 무엇일까 고민하게 된다.

2021년 코스피가 사상 최고치인 3,300선을 돌파하며 부동산에 쉽사리 접근하기 어려운 사람들이 주식이 답이라며 말하기도 한다. 그리고 2024년 1개당 1억 원을 돌파한 비트코인이 벼락 거지를 탈출할 수 있는 유일한 해결책이라고 말하는 사람들도 있다.

다양하게 본인만의 경제적 자유를 위해서 고민하고 있고 명확한 정답은 없다. 모로 가도 서울로만 가면 된다고 하지 않았나. 나 역시 수익을 주는 것이라면 부동산이든 주식이든 코인이든 그것이 어떤 것이든 상관이 없었다. 주식으로 손해를 본 경험도 있고, 부동산으로는 최근 유행했던 단어인 벼락 거지도 되어 본 적이 있다. 그렇기에 더욱 원금 보전과 리스크를 최소화하는 투자를 찾게 되었다. 그렇게 고민하던 중 친한 직장동료가 공모주를 알려주었다. 주식을 해본 경험이 있기에 접근에 대한 부담감은 없었지만, 공모주를 해본 경험도 없거니와 이걸로 얼마나 수익을 볼 수 있겠느냐는 부정적인 시각이 있었다. 하지만 이것저것 찾아보고 한두 번 참여하며 공모주에 대해 정리하고 결과를 기록하는 것을 반복하다 보니 어느새 꽤 안정적인 부수입이 되었다.

이 책은 공모주에 대해서 들어봤지만 어떻게 하는지 방법을 몰라서 시작을 못 하는 사람들과 공모주를 한두 번은 참여해 봤지만, 꾸준히 하지 않아서 수익이 크지 않은 사람들에게 도움이 될 것이다. 이 책과 함께 공모주 투자를 통해서 모두 수도권의 건물 월세만큼 안정적으로 수익이 날 수 있기를 바란다. 아니 월세만큼 수익이 날 것이다.

이미 말했듯이 주식과 부동산 그리고 코인도 실패해 본 지극히 평범한 나도 꾸준히 수익이 나고 있으니, 여러분들도 할 수 있다.

이 책은 총 5부로 구성하였다. 1부에서 3부까지는 공모주 투자를 위한 기본 및 실전에 대한 내용이다. 특히 공모주에 익숙하지 않은 사람들에게 공모주가 다른 투자처보다 좋은 이유와 공모주 투자를 위한 준비 사항, 그리고 실제로 공모주에 투자하는 방법과 노하우를 아낌없이 풀어썼다. 4부는 공모주 투자로 수익이 발생하면 그 돈을 어떻게 재투자로 이어지게 할지에 대한 방법이다. 수익이 발생한 후 그 돈을 모두 소비하면 공모주에 투자하는 의미가 없다고 생각되기에 어떤 방법으로 수익금을 운용하는지에 대한 내용이다. 마지막으로 5부는 돈에 대한 내 생각과 경제적 자유를 달성하기 위해 노력하는 사람들에게 필요한 이야기이다. 나의 경험담도 포함되어 있기에, 이 책을 읽는 독자들이 내가 겪은 장애물을 피하고 조금이라도 현명한 선택을 하기 위해서 도움이 되었으면 하는 바람의 글이다.

1부

은행 예금 vs 공모주 승자는?

공모주란 무엇인가?

공모주로 뜨거웠던 해가 있었다. SK바이오팜의 경우 상장 후 연일 계속되는 상한가에 뉴스에서도 연이어 보도되면서 사람들에게 공모주라는 단어를 뇌리에 심어주기에 충분했다. 그때가 벌써 몇 년 전이지만 아직도 공모주에 관한 관심과 열기는 식지 않고 있다.

그때를 돌이켜보면 2020년 7월 2일 SK바이오팜의 상장 후 신문 기사에서는 연일 역대 최고 경쟁률, 최대 공모자금 등 모든 역대라는 수식어를 붙이며 SK바이오팜의 상장을 자축했다. 이렇게 상장한 SK바이오팜은 49,000원이라는 공모가를 시작으로 첫날 따상*을 시작으로 추가로 2연상*이라는 기록을 세우게 되었다. 고점으로 21만 원을 넘기며 주식을 하지 않는 사람이라도 SK바이오팜이라는 이름은 들어보게 되었을 것이다. 기존에도 공모주를 하던 사람들은 있었지만, 이때부터 대중적으로 공모주라는 것에 대해서 사람들이 관심을 두고 참여하게 되었다고 본다.

공모의 사전적 정의는

"기업이 공개를 통해 증권시장에 상장되는 경우 일반인으로부터 청약을 받아 주식을 배정하는 것"

간단히 말하면, 주식회사는 주식을 가진 주주들이 주인이다. 공모*를 통해서 회사를 상장시키면서 주식을 발행하게 되고, 주식을 발행한다는 것은 주인이 될 수 있는 권리를 늘린다는 것이다. 그렇게 늘어난 권리를 누군가에게는 팔아야 하는데 그것을 기관* 또는 일반 투자자에게 파는 것이다. 이렇게 공모라는 형태로 주식을 팔게 되는데 누구나 원하는 만큼 살 수 있는 것일까? 그러면 모두가 행복할 것이지만, 실상은 그렇지 못하다. 재화라는 것이 한정되어 있기에 가치가 있는 것처럼 주식도 발행하는 숫자가 제한되어 있고 가지고 싶어 하는 사람들은 많기에 경쟁해야 한다.

회사가 주식을 100주를 발행하는데 사고 싶어 하는 사람이 1,000명이면 산술적으로 10:1의 경쟁률을 통해서 한 주를 배정받게 되는 것이다. 실제로 이것보다는 조금은 복잡하다. 이제부터 알아보도록 하자.

따상 : 주식 시장에서 사용되는 표현으로 따블(Dobble)과 상한가의 합성어로 신규 상장 종목이 첫 거래일에 공모가 대비 두 배로 시초가°가 형성된 뒤 가격제한폭°까지 올라 마감하는 것으로 가격제한폭이 바뀌기 전까지 사용되었음

시초가 : 주식 시장에서 하루 중 처음으로 결정된 가격을 뜻하며 공모가는 기업이 주식을 공개하면서 투자자들로부터 받은 최초 가격을 의미

가격제한폭 : 급격한 주가 변동으로 인한 시장의 충격을 완화하기 위해 당일 종가를 기준으로 일정 범위 내에서만 주가가 변동하도록 제한한 것

연상 : 연속으로 상한가에 도달하는 것. 2거래일 연속일 경우 2연상, 3거래일 연속일 경우 3연상 등으로 표현

공모 : 불특정 다수를 대상으로 새로운 주식을 발행하여 청약자를 구하는 행위

기관 : 증권사, 은행, 금융권, 연기금 등 개인을 제외한 국내투자자. 연기금은 국민연금기금, 공무원연금기금, 우체국보험기금, 사학연금기금을 4대 연기금이라고 말함

제로금리 이후 저금리 시대의 돌입

우리는 현재 한 번도 겪어보지 못한 새로운 시대에 살고 있다. 코로나라는 전염병이 창궐하여 세계 경제의 뿌리를 완전히 흔들어 버렸으니 말이다.

코로나로 인해서 국내 자영업자들의 경기가 나빠지며 내수가 위축되고 국외로는 한동안 수출이 제한되어 나라 경제가 상당히 불안정했었다. 경기가 안 좋으니 어떻게 해야 할까. 국가는 돈을 마구 찍어낸다. 이렇게 양적완화*를 몇 년 동안 시행했다. 그 결과 통화 가치는 당연히 떨어지고 감가상각이 거의 발생하지 않는 토지, 부동산 등의 실물자산의 가치는 올라갈 수밖에 없었다. 그렇게 코로나 기간을 거치며 풀린 돈이 주식 시장으로, 코인 시장으로, 부동산 시장으로 유입되어 자산 가치를 지속해서 밀어 올렸다.

대부분 사람은 0.1%라도 더 주는 예금, 적금 상품에 가입하기 위해서 다양한 정보들을 찾으며, 은행에 발품을 팔면서 상품들에 가입하곤 했다. 나 역시 그러했다. 간혹 10%의 적금 금리를 지급한다는 홍보성 글들을 접하지만 실제 상세히 살펴보면 납부 금액 제한 등 여러 조건이 포함되어 있어서 누구나 그런 이자를 받는 것은 어렵다.

코로나 시대의 제로금리에 육박한 시점보다 지금의 금리는 조금 올라서 3~4% 정도이다.

실제로 계산을 해보면 0.5%의 금리를 더 준다고 하여도 실제 받는 금액은 그렇게 차이가 나지 않는다. 다만, 심리적으로 조금 더 현명하게 저축하고 있다고 스스로 위안으로 삼는 것이 아닐까 싶다. 2024년 9월 기준으로 미국의 기준금리는 5.5%로 거의 1년간 동결 수준을 유지하고 있다. 이제 인플레이션*이 어느 정도 잡히면 미국의 금리도 24년 4분기부터는 인하가 진행되리라고 다수의 전문가가 입을 모으고 있다. 한국의 금리는 3.5%로 미국과 한국의 금리 차가 2%가 발생하기에 미국이 금리를 인하해도 당장 드라마틱한 한국의 기준금리* 인하는 발생하지 않을 것이다. 하지만 이것만은 분명하다. 이제 대한민국에서 과거 80~90년처럼 예금과 적금 이율이 10%에 육박하는 일은 발생하지 않을 것이다.

만약 앞으로도 은행 상품에만 집중하게 되면 어떤 일이 벌어질까?

어느 순간부터 뒤를 돌아보면 은행 금리 역시 물가상승률을 따라잡지 못하며 은행에 돈을 넣어두는 순간 그 돈은 시간이 지날수록 줄어들고 있다는 생각이 들 것이다.

백사장에서 모래를 두 손 가득히 움켜쥐고 시간이 지나면 손안의 모래는 점점 줄어드는 것을 보지 않았는가. 은행은 우리에게 절대 친절하지 않다. 그렇기에 나에게 있어 은행은 돈을 맡기는 곳이 아닌 돈을 빌리는 곳이라는 인식이 박혀있다.

돈이라는 녀석은 계속 감시하고 채찍질을 해야 더 몸집을 불린다. 내 소중한 돈을 은행에 맡기면 알아서 돈이 저절로 불어날 것이라고 생각했다면 생각을 바꾸자. 절대 은행은 고객의 이익을 위해 돈을 빌려주는 친절한 곳이 아니다.

제로금리 : 금리를 0%에 가깝게 만드는 정책으로 금리는 중앙은행이 결정

양적완화 : 중앙은행이 금리를 인하해도 경기 부양이 어려울 때 시도하는 방법으로, 시장의 채권 (국채, 회사채)을 매입하여 시중에 유동성을 공급하는 행위

인플레이션 : 통화량이 팽창하여 화폐 가치가 떨어지고 물가가 계속 올라 일반 대중의 실질적 소득이 감소하는 현상

기준금리 : 한 국가의 중앙은행에서 시장의 유동성 조정을 위해 결정하는 금리

공모주에 투자해야 하는 이유는?

저금리 시대를 살아가고 있는 요즘에, 앞으로도 저금리 시대의 기조가 이어질 것이기에 가지고 있는 자금을 어떤 방법으로든 회전시켜야 그 돈이 가치를 잃지 않고 지속적으로 성장해 나갈수 있다.

보유한 돈에 대해서 최소한 물가상승률만큼이라도 가치를 상승시켜야 인플레이션이라는 보이지 않는 도둑에게서 소중한 내 돈을 지켜낼 수 있지 않을까? 공모주라는 것이 처음에는 낯설고 진입장벽이 있어 보이기도 하고, 방법에 대해서 누군가 친절히 나서서 설명을 해주지도 않기에 두렵게 느껴질 수도 있다. 하지만 방법을 확실히 알고 나면 이것만큼 안정적인 게임이 없다고 느껴질 것이다. 더군다나 복리로 말이다. 공모주로 수익이 나는 금액에 대해서는 소비하지 않고 미국 월배당* 주식이나 ETF*에 투자하면서 수익이 또 다른 이익을 얻는 구조를 만드는 것이 복리로 수익을 이어 나가는 구조이다.

처음에는 나 역시 공모주에 대해서 대수롭지 않게 여기며 "그거 수익을 실현해 봤자 얼마나 하겠어?"라는 생각으로 공모주에 참여하지 않았고 그 시간에 예금, 적금 상품을 알아보고, P2P*라는 개인 대 개인 간의 대출을 찾아보고 가입하는 등 나름 현명하게 대처했었다고 자부했지만, 결과는 안타깝게도 P2P 대출의 먹튀를 당하는 등 돌이켜보면 그 시간과 기회비용이 아까울 따름이다. P2P 대출을 하면서 느낀 점이 하나 있다면 절대 내 돈을 국가에서 인정하지 않은 곳에는 넣어두지 않겠다는 생각이 확실히 몸에 새겨졌다.

월배당 : 배당금을 매월 지급하는 형식

ETF : Exchange Traded Fund의 줄임말로 특정 지수나 섹터를 추종 (ex 반도체 ETF, 2차전지 ETF)

P2P : Peer to Peer의 줄임말로 개인 대 개인 간이라는 뜻으로써 P2P 대출의 경우 개인과 개인이 온라인플랫폼 업체를 통해서 돈을 서로 빌려주는 대출을 실행함

기업은 언제나 IPO 수혈이 필요하다

회사를 소자본으로 창업하고 운영을 몇 년간 하다 보면 사업이 생각만큼 잘 풀리지 않을 경우도 있다. 그렇게 몇 년 지나다 보면 부채도 쌓이고 돈이 돌지 않고 회사가 어려운 상황에 직면하기도 한다. 사람도 불의의 사고가 발생하여 피가 모자라면 수혈하듯이 기업도 마찬가지로 예상하지 못한 문제가 발생할 수도 있기에 새로운 신규 자금이 필요하고 타개책으로 IPO*(Initial Public Offering)를 진행하여 필요한 자금을 조달하게 된다. 기업에서 자금이 여유가 있어도 IPO를 주관하는 경우도 있다.

다음과 같은 이유에서 말이다.

- 기업의 상표 가치를 상승시켜 기업의 신뢰도를 향상
- 보유 주식의 시가평가*를 통한 합리적인 재산의 상속
- 기업 이미지 향상으로 인한 인재 확보 수월
- 구주매출(기존 주주)을 통한 차익실현
- 주식 유통 수량 조절을 통한 경영권 방어
- 임직원들에게 스톡옵션*

여러 가지 이유가 있지만 가장 큰 이유는 역시 자금조달 때문이다. 이런 이유로 비상장 기업들은 기업 상장을 위해 심사를 받고 연간 100~150여 개 기업이 IPO를 진행한다.

IPO : 비상장기업이 증권시장에 상장하기 위해서 회사의 재무 사정을 공개하고 주식을 파는 행위

시가평가 : 자산이나 부채의 가치를 시장에서 현재 거래되는 가격이나 공정한 가격으로 평가하는 제도

스톡옵션 : 회사가 임직원에게 회사 주식을 일정 가격으로 매수할 수 있게 해주는 권리

2부

공모주 본격 해부

증권 계좌 개설 방법 및 순서

공모주에 대해서 전반적인 내용을 알아봤으니, 실전으로 돌입해 보자.

앞에서 본 그림은 공모주에 대한 순서라고 보면 된다. 그림으로 보면 굉장히 간단하게 보일 것이다. 실제로도 어려운 부분은 없으니 크게 걱정할 것은 없다.

먼저, 공모주를 하게 되면 공모주 청약이라는 단어를 듣게 된다. 부동산도 아니고 웬 청약이냐고 반문할 수 있겠지만, 공모주 역시 아파트 청약과 같이 본인이 배정받고 싶은 수량의 돈만큼 증권사에 납입하고 경쟁률에 따라서 주식을 배정받게 된다. 이때 균등배정과 비례배정으로 나뉘게 되는데 이는 뒤에서 자세히 설명하도록 하자.

공모주를 참여하기 위해서는 무엇보다 증권 계좌가 있어야 한다. 주식을 하는 사람들이라면 증권 계좌가 있겠지만 주식을 처음 해보는 사람들은 증권 계좌를 만드는 것에서부터 벽에 부딪히게 된다. 증권 계좌라고 별것 아니다. 우리가 은행에 가서 은행 계좌를 개설하는 것과 똑같다고 생각하면 된다. 대한민국에서 은행 계좌가 없는 사람은 거의 없어도 증권 계좌가 없는 사람들이 제법 있다는 것은 안타까운 일이다. 공모주를 하지 않더라도 증권 계좌 하나쯤 만들었으면 한다.

그러면 증권 계좌는 어떻게 만드는 것일까? 직접 증권사를 찾아가서 계좌를 개설해도 되지만, 요즘은 스마트폰 앱을 통해서도 바로 계좌를 만들 수 있다. 본격적으로 공모주에 참여하겠다고 마음을 먹었다면 이른 시일 안에 메이저, 주요 증권사의 계좌는 모두 만드는 것이 좋다. 그 이유는 공모주를 한 달에 10개 정도 청약을 진행한다고 가정하면 특정 증권사에 공모주 청약을 진행하는 것이 아니라 여러 증권사를 통해서 공모주가 진행되기에 이왕 마음먹고 수익을 내기를 원한다면 한 개라도 더 청약해야 하지 않을까?

그렇기에 단기간에 다수의 증권사를 만들어야 한다. 과거, 보이스피싱이 있기 전에는 하루에도 많은 계좌를 만드는 것이 가능했지만 지금은 1개의 계좌를 만들면 영업일 기준으로 20일, 즉 한 달 동안은 추가로 증권 계좌를 만드는 것이 어렵다(비대면 기준). 증권 계좌를 한 개 만들고 영업일 기준 20일(실제로는 1달)을 기다리고 다시 만들고 이런 작업을 하다 보면 1년 동안 계좌만 만들고, 계좌를 만드는 중간에 지쳐서 공모주 청약을 그만두는 때도 있다. 그렇기에 단기간에 계좌를 개설하는 노하우가 필요하다.

우리가 개설해야 하는 증권사는 모두 몇 곳이나 될까부터 알아보자. 공모주 청약을 진행한 증권사는 24년도 기준으로는 20개다. 20개를 모두 만들면 좋지만, 일부 증권사는 정말 가뭄에 콩 나듯이 공모주 청약을 진행하기에 선별적으로 만들어도 무방하다.

그렇다면 이제, 어떻게 단기간에 다수의 계좌를 개설할 수 있을까? 방법은 크게 2가지가 있으니, 본인에게 편한 것으로 선택하면 된다.

첫 번째는 스마트폰을 통하는 것이다.

카카오뱅크 앱을 통해서 증권 계좌를 개설할 수 있다. 만약 카카오뱅크 입출금 계좌가 없다면 카카오뱅크 계좌부터 만들어야 한다. 방법은 이렇다. 카카오뱅크 메인에서 우측하단 "…" 메뉴로 들어간 후 투자 메뉴의 "증권사 주식계좌"를 눌러보자.

카카오뱅크

그러면 7개의 주식 계좌를 하루 만에 만들 수 있다. 7개의 증권사는 한국투자증권, 신한투자증권, NH투자증권, 하나증권, 미래에셋증권, 삼성증권, KB증권이 있다. 이 7개 증권사만으로도 대다수의 공모주 청약은 가능하다. 하지만 조금 부족한 느낌이 든다면 추가로 토스뱅크를 통해서 추가 증권 계좌 개설이 가능하다.

토스뱅크는 오른쪽 하단 전체를 누른 후 계좌 개설로 들어간다. 그러면 증권이라는 메뉴에서 4개의 증권회사가 보일 것이다. 하나증권, SK증권, 미래에셋증권, 한국투자증권이 토스뱅크를 통해서 개설이 가능한 증권사다. 여기서 카카오뱅크와 중복되는 증권사를 제외하면 추가로 SK증권 1개가 추가로 개설이 된다. 이 역시 토스뱅크 계좌가 있어야 바로 개설이 된다는 점 참고하기를 바란다. 카카오뱅크와 토스뱅크를 통해서 하루 만에 총 8개의 계좌를 개설하게 되었다.

케이뱅크에서도 개설할 수 있다. 메뉴에서 오른쪽 하단의 전체 버튼을 누르면 "제휴 증권사 계좌 만들기"가 보인다. 해당 버튼을 클릭한 후 들어가면 개설할 수 있는 증권사들이 나오기에 필요한 증권사들의 증권계좌를 개설할 수 있다. 개설할 수 있는 증권사는 KB증권, NH투자증권, 미래에셋증권, 삼성증권, 하나증권, 한국투자증권

토스뱅크

으로 총 6개의 증권사의 증권계좌를 개설할 수 있다. 하지만 카카오뱅크와 토스뱅크에서 만들 수 있는 증권사들과 중복된다는 점을 참고하기를 바란다.

이렇게 계좌를 개설하여도 청약은 해당 증권사 앱으로 청약일에 맞춰서 직접 접속하여 청약을 진행하여야 한다. 카카오뱅크나 토스뱅크와 같은 인터넷 은행을 통한 주식 계좌 개설은 시점에 따라서 개설할 수 있는 증권사가 달라질 수 있다.

케이뱅크

	카카오뱅크	토스뱅크	케이뱅크
KB증권	○	×	○
NH투자증권	○	×	○
SK증권	×	○	×
미래에셋증권	○	○	○
삼성증권	○	×	○
신한투자증권	○	×	×
하나증권	○	○	○
한국투자증권	○	○	○

인터넷 은행 증권사 연계 계좌 리스트

두 번째는 발품을 파는 것이다.

은행을 직접 방문하여 증권 계좌를 개설할 수 있다. 증권사를 통해서 계좌를 만든다고 위에서 분명 말하였건만, 은행을 찾아가라니 이건 무슨 말인가? 증권사를 통해서 개설하는 경우에는 영업일 기준 20일에 1개만 개설할 수 있지만, 은행에서 은행과 증권사 간의 제휴를 통해서 하루에 다수의 계좌 개설이 가능하기 때문이다. 은행은 우리은행, 국민은행, 신한은행 등 메이저 은행을 방문하면 된다. 단, 여기서 주의할 점은 은행에서 개설할 수 있는 제휴증권 계좌는 하루에 총 3개만 가능하다. 그렇기에 주요 증권사 계좌를 개설하기 위해서는 하루가 아닌 최소 3일 정도 방문을 해야 하는 단점이 있다.

증권 계좌 개설 팁을 더 말하자면, 은행에서 하루에 3개의 증권 계좌가 개설되기는 하지만 특정 증권사의 경우는 제휴 은행을 통해서 방문하더라도 당일 다른 증권 계좌를 먼저 개설했으면 개설이 불가한 증권사가 있다. 그렇기에 은행 방문 시 어떤 계좌가 당일에 다른 증권사 계좌를 먼저 개설했을 경우에 개설 불가인지 물어보면 좋다. 은행을 방문하기 전에 은행별 제휴 증권사를 알아본 후 해당일에 개설할 증권사 리스트를 작성하고 방문하면 도움이 많이 된다. 물론 방문할 은행의 은행 계좌는 반드시 있어야 하며 방문 시 신분증은 꼭 필요하다.

하지만 직접 은행을 방문하여 계좌를 개설한다고 해도 은행에서 모든 증권사와 제휴를 맺고 있지는 않다. 추가로 개설하고자 하는 증권사가 있다면 직접 방문하여 개설해야 한다. 20일 동안 1개의 계좌만 개설이 가능한 것이 원칙이지만 지점 담당자의 재량에 따라서 개설할 수 있었다. 나 역시 은행에서 하루에 3개의 계좌를 개설한 후 추가로 근처 증권사에 방문하여 계좌를 개설하였던 기억이 있다. 다만, 증권사의 직원마다 요구하는 것이 있을 수 있다. 예를 들어 모 증권사는 직접 방문하여 추가 계좌 개설을 요청할 때 계좌를 개설은 해주지만 즉시 100만 원 이체를 요청하기도 했다. 이렇게 발품을 통해서 대부분의 증권사 계좌를 개설하였지만, 집 근처에 해당 증권사 지점이 없는데 추가로 개설하고 싶은 증권사가 있다면 20일 제한을 기다렸다가 증권사 스마트폰 앱을 통해서 계좌를 개설하는 방법밖에 없다.

내 경험으로 하루에 여러 증권사를 돌면서 계좌를 개설할 때 증권사에서 통상적으로 물어봤던 질문이 있다.

"계좌 개설하시는 이유나 목적이 있으신가요?" 그러면 그냥 "공모주 청약하려고요." 이렇게 대답하면 된다. 요즘은 공모주 청약을 하는 사람들이 많아졌기에 계좌를 개설하러 오는 경우가 많으므로 특별한 이유가 없다면 거절하지는 않을 것이다.

한 번은 계좌를 개설하러 갔는데 조선족 남성분이 공모주 청약을 하려고 증권사에서 계좌를 개설하는 것을 옆에서 본 적이 있다. 내국인들도 관심이 없는 사람이 많은데 외국인이 대한민국 공모주 청약을 하려고 하는 것을 보고서 그때는 적잖이 놀랐던 기억이 있다.

이렇게 스마트폰과 은행 및 증권사 방문을 통해서 증권사 계좌를 비교적 짧은 기간에 많이 만들 수 있다. 팁으로 추가하자면 계좌를 개설하면 수수료 무료 및 소소한 금액을 넣어주는 이벤트들도 있으니 참고하기를 바란다. 어차피 계좌 개설의 목적이 공모주 청약이기에 크게 중요한 부분은 아니다.

현재 공모주를 주관하는 증권사들의 리스트는 다음과 같다. 색이 표시된 증권사는 공모주 주요 증권사이므로 만드는 것이 좋다.

교보증권	대신증권	미래에셋증권	삼성증권	상상인증권	신영증권
신한투자증권	유안타증권	유진증권	키움증권	하나증권	하이투자증권
한국투자증권	한화투자증권	현대차증권	BNK투자증권	DB금융투자	IBK투자증권
KB증권	LS증권	NH투자증권	SK증권	메리츠투자	한양증권

공모주 주관 증권사

다음 표는 2024년 상반기 공모주를 주관한 증권사들의 순위이다. 해마다 주관사들의 순위는 일부 변동이 있을 수 있지만, 외국계인 JP모건과 UBS를 제외하면 모두 만들어 두는 것이 좋다.

증권사	순위	금액	비율	건수
KB증권	1	321,803	19.26	4
한국투자증권	2	192,200	11.50	6
JP모건	3	179,705	10.75	1
UBS	4	179,705	10.75	1
NH투자증권	5	178,450	10.68	7
신한투자증권	6	153,933	9.21	2
하나증권	7	124,063	7.42	3
삼성증권	8	114,800	6.87	3
미래에셋증권	9	96,061	5.75	2
IBK투자	10	48,000	2.87	1

2024년 상반기 IPO 주관 순위

다음 표는 국내 5대 은행에서 개설할 수 있는 증권사 연계 계좌이다. 정책은 조금씩 변하기에 참고하여 개설하도록 하자.

	KB국민은행	우리은행	신한은행	하나은행	NH은행
DB금융	○	○	○	×	○
IBK	○	○	×	○	×
KB	○	○	○	○	○
NH	○	○	○	○	○
LS	○	○	○	○	×
SK	○	○	○	○	○
교보	○	○	○	○	○
대신	○	○	○	×	○
미래	○	○	○	○	○
삼성	○	○	○	○	○
상상인	○	×	×	×	○
신영	×	×	×	×	○
신한	○	○	○	○	○
유안타	○	○	×	○	○
유진	○	○	○	○	○
키움	○	○	○	○	○
하나	○	○	○	○	○
하이투자	○	○	×	×	×
한국	○	○	○	○	○
한양	×	○	×	×	×
한화	○	○	○	○	○
현대차	○	○	○	○	×
메리츠	×	○	×	×	×

5대 은행 증권사 연계 계좌 리스트

공모주 일정 확인 방법

이제 계좌 개설까지 하였으니, 절반은 완성되었다. 우리가 희망하는 아파트 청약을 한다고 생각하면 그 아파트의 분양가 및 청약 일정에 대해서 먼저 살펴보게 된다. 공모주 청약도 마찬가지로 각 회사의 공모주 청약 일정을 미리 파악해 두면 좋다.

기본적으로 네이버 검색창에 "공모주"라고만 치면 종목명, 공모가, 상장 단계, 주관사, 청약 종료일이 나온다.

PC 화면일 경우 오른쪽 하단의 "IPO 종목 더보기"를 누르면 종목별로 좀 더 자세한 내용이 나온다.

오른쪽의 투자 정보의 PDF를 클릭하면 요약된 기업 개요 및 회사의 IR* 정보를 볼 수도 있기에 참고하면 된다. 모바일은 검색된 종목을 클릭하면 세부 내용을 보여주고 "공모주 목록 더보기"를 클릭하면 세부적으로 확인할 수 있다.

네이버에서도 요약된 부분들이 있지만, 좀 더 직관적으로 일정을 확인하고 싶다면 "38 커뮤니케이션*"이라는 사이트가 있다. 공모주를 참여하는 사람들에게는 널리 알려진 사이트이다.

공모주 일정에는 특별한 것은 없다. 언제 청약을 넣을 수 있고 언제 청약증거금*을 환불받을 수 있는지 그 일정만 제대로 알면 된다.

증권정보

국내증시 ▾   IPO종목 ▾

종목명	공모가	상장단계	주관사	청약종료일
전진건설로봇	16,500	공모청약	미래에셋증권	2024.08.09.
넥스트바이오메디컬	29,000	공모청약	한국투자증권	2024.08.08.
케이쓰리아이	15,500	공모청약	하나증권	2024.08.09.
티디에스팜	13,000	공모청약	한국투자증권	2024.08.12.
M83	16,000	공모청약	신영증권	2024.08.13.
대신밸런스제18호스팩	2,000	공모청약	대신증권	2024.08.12.
이엔셀	15,300	공모청약	NH투자증권	2024.08.13.
아이스크림미디어	32,000~40,200	수요예측	삼성증권	2024.08.22.
미래에셋비전스팩7호	2,000	심사승인	미래에셋증권	2024.09.03.
에이치이엠파마	18,000~21,000	심사승인	신한투자증권	2024.09.05.

IPO종목 더보기 〉

IPO 종목

증권홈 > 국내증시 > IPO

IPO(기업공개)

기업이 최초로 외부투자자에게 주식을 공개하는 것으로 한국거래소에 공식상장하는 것을 말합니다. (출처: IR GO 제공)

종목				투자정보
코스피 **전진건설로봇**				PDF [IPO] 전진건설로봇 기업개요
공모가 16,500	업종 자동차 차체 및 트레일러 …	주관사 미래에셋증권		
개인청약경쟁률 1,087.26:1	개인청약 24.08.08~08.09	상장일 24.08.19		
코스닥 **넥스트바이오메디컬**				PDF 넥스트바이오메디컬, 일반 청약 결과 발표 …
				PDF 넥스트바이오메디컬, 수요예측 설로 … 공…
공모가 29,000	업종 의료용 기기 제조업	주관사 한국투자증권		PDF [IPO] 넥스트바이오메디컬 온라인 기업설…
개인청약경쟁률 65.83:1	개인청약 24.08.07~08.08	상장일 24.08.20		PDF 넥스트바이오메디컬, IPO 기업 설명회 개 …
코스닥 **케이쓰리아이**				PDF [IPO] 케이쓰리아이 IR BOOK
공모가 15,500	업종 소프트웨어 개발 및 공급업	주관사 하나증권		PDF [IPO] 케이쓰리아이 기업개요
개인청약경쟁률 33.78:1	개인청약 24.08.08~08.09	상장일 24.08.20		
코스닥 **티디에스팜**				▶ [IR] 티디에스팜 웹캐스팅
				PDF [IR] 티디에스팜 IR BOOK
공모가 13,000	업종 의약품 제조업	주관사 한국투자증권		PDF [IPO] 티디에스팜 기업개요
개인청약경쟁률 1,608.17:1	개인청약 24.08.09~08.12	상장일 24.08.21		

IR : Investor Relations의 줄임말로 투자자에게 회사의 정보를 제공하는 홍보 활동

38 커뮤니케이션 : https://www.38.co.kr

청약증거금 : 공모를 할 때, 청약자가 주식을 산다는 의사를 표현하기 위해 증권사에 예치하는 금액. 통상 청약증거금은 청약 신청 금액의 50%만 증권사에 예치

투자 설명서, 돌다리도 두드리고 건너가기

일정을 확인한 후 그 회사가 어떤 회사인지, 설립된 지 얼마나 되었는지, 대주주는 누구인지 조금 더 다양한 정보를 보고 싶을 수 있다. 단순히 "묻지 마" 공모주 투자의 경우 필요 없겠지만 그래도 회사를 조금 더 알아보고 투자하는 것이 안정적이고 올바른 투자가 아닐까 싶다.

그럼 어떻게 그런 정보들을 얻을 수 있을까? 투자 설명서 안에 모든 내용이 다 담겨 있다.

바로 "금융감독원 전자공시시스템" 속칭 DART라는 사이트에서 해당 기업의 이름을 검색하면 나온다. 24년 5월에 상장한 HD현대마린솔루션이라는 회사를 예로 들어보자.

원하는 회사를 검색한 후, 증권신고서*를 클릭하자. 회사의 개요부터 공모가 산정기준, 지분 관계, 재무제표 등 없는 것 빼고 모든 정보가 다 있다. 증권신고서를 보게 되면 회사의 사업 현황, 재무상황, 성장 방향성 등 다양한 내용을 알 수 있기에 공모주를 막 시작하는 사람들은 꼭 읽어보았으면 한다. 나중에 공모주에 익숙해지면 증권신고서는 신경도 쓰지 않고 청약하는 경우가 부지기수이기에 초반에라도 증권신고서와 친해져서 나쁠 것은 없다.

이 방법 이외에도, "38 커뮤니케이션" 사이트를 통해서 투자 설명서를 확인하는 방법도 있다. 조금 정리된 정보를 찾고자 한다면 38 커뮤니케이션 사이트를 이용해도 된다. 나중에는 38커뮤니케이션의 요약된 정보를 가지고 주로 공모주 청약 여부를 판단하는데, 이때 최소한 매출액, 순이익, 구주매출*, 의무보유확약* 그리고 제일 중요한 기관 경쟁률만큼은 살피고 공모주 청약에 참여하자. 증권신고서에는 포함되어 있지 않은 내용이 위 사이트에 일부 있으니 서로 병행하여 참고하면 좋을 듯하다.

구주매출 : 비상장주식을 이미 보유하고 있는 주주들이 주식 일부를 일반인에게 판매하는 행위

의무보유확약 : 공모주 청약을 진행할 때 수요 예측에 참여하는 기관투자자가 공모주를 배정받은 뒤에도 일정 기간동안 주식을 팔지 않겠다고 약속

증권신고서 : 기업이 증권을 발행하기 전에 사업 내용 및 매출 등을 증권관리위원회에 제출하는 것

원금 손실을 싫어하는 그대에게

이쯤에서 본인의 투자 성향에 대해서 살펴보도록 하자. 본인의 성향에 맞춰서 투자 전략을 만들어가는 것도 좋은 방법이다. 워런 버핏은 주식을 하지 않는 사람이라도 누구나 한 번쯤 이름을 들어 봤을 것이다. 투자의 대가인 워런 버핏도 제1원칙이 '돈을 절대 잃지 말라'는 것이고, 제2원칙도 '첫 번째 원칙을 철저히 지키는 것'이라고 한다. 말 그대로 원금을 무조건 지키라는 소리이다. 나는 원금 손실을 극도로 싫어하는 편이다. 기존에 주식을 통해서 원금 손실을 경험해 봤기에 그 기분을 잘 알고 있다. 뭐 누구든 원금 손실을 좋아하겠냐마는, 나는 본인의 투자 성향을 확인해 보는 테스트를 보면 원금보장형 상품에만 관심이 많다는 결과들이 나오곤 한다. 그런 내가 주식, 특히 공모주를 하는 이유는 리스크가 적고 확실한 승리를 챙기는 투자이기 때문이다.

앞에서도 언급하였지만, 물가상승률과 예금금리보다 화폐가치가 더 급속히 떨어지고 있다. 더군다나 코로나로 인해 기축통화*인 미국이 달러를 양적완화라는 명분을 통해서 무제한으로 찍어냈다.

생각해 보자, 달러가 너무 많이 풀리면 환율이 떨어지기 시작할 것이다. 그렇게 되면 교역국들 역시 화폐를 찍어내야 한다. 수출 중심 기업들이 손해만 보고 있을 수는 없으니까. 기축통화*인 달러도 많이 찍어내서 가치가 떨어지는데 원화 즉 한국 돈은 가치가 어떨까? 더 가치가 없어지는 것은 당연하다. 그럼 이렇게 마음껏 찍어낸 돈들은 어디로 흘러갈까? 일단 우리나라만 보면 주식과 부동산으로 먼저 흘러 들어간다. 최근 몇 년 사이에 부동산 가격 폭등에 대해서는 무주택자도 1주택자도 할 말이 많을 것이다. 부동산의 경우 단기간에 생산할 수 있는 재화가 아니라는 특징 때문에 돈의 가치가 하락함으로 인해 부동산의 가격은 더욱더 상승할 수밖에 없다. 화폐가치의 하락과 정부 정책이 복합적으로 작용하여 코로나 시대 이후 화폐가치는 크게 하락하였고 부동산 자산의 가치는 크게 상승하였다.

부동산 이외에도 주식의 경우 코스피 최초로 3300을 찍었고, 심지어 매번 끝물이라는 비트코인도 매번 최고가를 경신하면서 1개당 1억 원을 넘었다. 코로나 시대에는 모두가 다 최초이고 최고라는 수식어가 붙었다. 우리는 지금까지 겪어보지 못한 금융제도권에서 살고 있다.

월급을 모아서 예금과 적금을 넣으면 돈이 나가서 돌아올 때는 새끼를 쳐서 돌아오는 게 아니라 인플레이션이라는 보이지 않는 도

둑을 만나서 몸집이 줄어서 돌아오는 비극이 생기게 된다. 열심히 돈만 모으면 가난해지는 시대가 도래했다. 과거 70~80년대에는 금리가 20%~30%였기에 위험을 감수할 필요가 없었지만, 지금은 다르다. 원금은 시간이 지날수록 가치가 떨어지기에, 원금 보전이라도 하기 위해서 무엇인가를 지속해서 시도해야 한다. 다만, 리스크가 적은 방향으로 말이다. 그래서 내가 공모주를 하는 이유이기도 하다. 2023년 기준 100여 개가 넘는 공모주가 상장했다(스팩 포함).

이 중에 내가 청약에 참여한 종목은 87개이며 내가 손해를 본 종목은 6개뿐이며 이마저도 금액이 미비하여 손해라고 느껴지지 않을 정도가 대다수이다. 확률적으로도 수익을 볼 확률이 90%가 넘으며, 손해보다 수익의 금액이 훨씬 크기에 공모주 참여를 하지 않을 이유가 없다. 일반 주식 종목의 경우 상한가의 제한폭이 30%로 되어있다. 하지만 공모주의 경우 공모가에서 60%~400%로 당일 가격 제한폭이 있다. 10,000원짜리 공모가로 상장하는 주식의 경우 4만 원까지 가격이 상승할 수 있다는 것이다. 당일 400%까지 상승하는 종목들이 많지는 않지만 그래도 가끔 이런 대박들이 터지기도 한다. 단순히 확률상으로만 봐도 최소한 지지 않는 게임이다. 이런 지지 않는 게임에 참여하지 않을 이유가 없지 않은가.

기축통화 : 서로 다른 화폐를 사용하는 나라 사이에서 거래할 때 기준이 되는 통화 (ex. 달러)

공모주는 저위험 중수익 상품

원금 손실을 무서워해서 공모주를 선호하는 사람들도 있고 수익금이 너무 낮아서 귀찮다며 하지 않는 사람들도 있다. 내가 생각하는 공모주는 적은 수익금이라도 꾸준히 내는 것에 의의가 있다고 본다.

우리가 투자하는 상품들은 크게 4가지로 구분이 된다. 고위험 고수익, 고위험 저수익, 저위험 고수익, 저위험 저수익 이렇게 말이다.

여기서 저위험 고수익은 존재하지 않거나 사기일 확률이 높으므로 3가지 정도로만 분류가 된다. 그럼 4가지 중 없다고 치부한 저위험 고수익 대신에 저위험 중수익을 넣으면 어떨까? 그게 바로 공모주인 것이다. 손실을 볼 위험도는 낮지만, 연간 수익률로만 본다면 최소한 중수익은 보장된다고 생각되기 때문이다. 1억을 가지고 투자한다고 가정하면 은행 이자인 3~4%보다는 분명 높은 수익금을 안겨준다고 확신한다. 투자금에 따라 다르겠지만 은행 이자의 2배 정도인 8% 정도는 수익을 내지 않을까 싶다.

균등 투자만 하는 사람들의 경우는 이보다 훨씬 더 높을 것이다. 이런 투자를 하는 목적을 다시금 잘 생각해 보자. 최대한 안전하게 많은 이익을 얻으려는 게 투자의 목적이 아닌가? 그렇다고 도박이나 로또 같은 확률 낮은 곳에 투자할 수 없지 않겠는가. 투자는 원금을 지키는 것이 가장 중요하다는 것을 잊지 말자.

기업의 공모 적정가격, 얼마면 사겠소?

공모주에 참가할 시 또 한 가지 눈여겨봐야 할 요소가 있다.

그것은 바로 공모 가격의 산정기준이다. 단순히 만원이면 싸고 10만 원이면 비싸다는 식의 논리로 접근하면 안 된다. 해당 공모가의 산정기준이 누구나 이해가 되고 적절한 가격인지 판단해야 한다.

적절한 가격인지 판단을 하기 위해서는 비교군이 있어야 한다. 학창 시절에 시험을 치를 때 본인만의 라이벌이 있지 않았는가. 그 친구의 시험점수가 항상 기준점 및 비교군이 되었던 기억이 있지 않나?

그렇듯이, 기업에도 비교군이 필요하다. 이미 기존에 유사하거나 동일한 업종으로 상장한 회사들이 여럿 있기에 비교할 만한 대상의 회사는 많다. 다만, 해당 비교 기업이 가끔 터무니없을 때도 있으니 어떤 기업을 비교군으로 공모 가격을 산정했는지도 살펴보면 좋다.

비교 시, 주로 사용하는 지표는 PER이랑 EV/EBITDA가 있다. PER와 EV/EBITDA를 간단히 설명하면 다음과 같다.

PER(Price Earning Ratio)는 주가를 주당 순이익으로 나눈 것으로, 주가가 한 주당 몇 배의 수익인지를 나타낸다.

예를 들어, 한 주에 10,000원 하는 회사 주식이 1년에 주당 1,000원의 순이익을 낸다면?

⇨10,000 / 1,000을 해서 PER은 10이 된다.

PER의 의미로는, 해당 기업이 현재 기업가치(시가총액)만큼을 벌기 위해서 걸리는 시간으로, PER가 10이면 10년을 벌면 시가총액만큼 번다는 이야기가 된다. 통상적으로 PER는 낮을수록 저평가되어있다고 본다.

EV(Enterprise Value)는 시가총액에 기업의 부채를 더한 값이다.

EBITDA(Earnings Before Interest, Taxes, Depreciation and Amortization)는 세전 기준 영업 현금흐름으로 이자, 세금, 감가상각 비용을 빼기 전의 순이익이다.

즉, EV/EBITDA는 기업현금흐름 창출 능력이다.

간단히 말하면 영업으로 지금과 같이 돈을 벌 경우, 투자한 금액(EV)만큼 버는데, 몇 년이 소요되는지 보면 된다. 이 역시, 낮을수록 저평가되어있다고 본다.

실제로는 조금 더 복잡하지만, 간단히 살펴보면 아래 그림으로
이해할 수 있다.

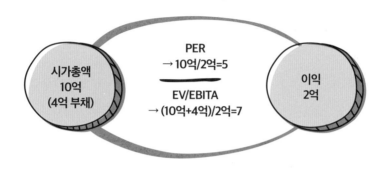

다수의 기업이 상장할 때, PER를 기준으로 가치 산정 및 공모가
를 적용한다. 이유는 기업의 영업활동을 통한 수익에 대한 시장의
평가, 성장성, 영업활동의 위험성 등이 총체적으로 반영된 지표이
며 개념이 명확하고 계산의 용이성으로 인해 가장 널리 사용되는
투자 지표이기 때문이다.

PER은 순이익을 기준으로 비교가치를 산정하므로 개별 기업의
수익성을 잘 반영하고 있을 뿐만 아니라, 산업에 대한 향후 미래의
성장성이 반영되어 개별 기업의 PER가 형성되므로 PER을 적용할
경우 특정 산업에 속한 기업의 성장성과 수익성을 동시에 고려할
수 있고 산업 고유 위험에 대한 리스크 요인도 주가를 통해 반영될
수 있다.

이렇게 알아본 PER 및 EV/EBITDA 의 산정기준에 관해서도 투자 설명서에 기록이 되어있다. 통상 1차로 다수의 유사 업종 기업들을 선정해서 자체 기준에 의해 분류 후, 2차 또는 3차로 최종 비교 업체들을 선정한다. 대략 5~10개 정도의 기업이 남는다. 이렇게 최종 선정된 5~10개의 기업의 평균 PER을 계산하여 공모가에 적용하게 된다. 본인이 판단하는 기준점이 되는 회사보다 상장하려는 회사의 PER가 낮으면 저평가되어있다고 생각해도 되고, 반대면 고평가라고 판단해도 된다. 하지만 요즘 상장하는 공모주들은 비교 대상 기업들을 본인 회사보다 우위에 있는 기업들 위주로 산정하기에 비교 기업 평균 PER 대비해서 추가로 할인한다고 해서 싸다고 느껴지지 않는 기업들이 많다.

개미들은 시간이 없다. 장외병 돌격

어릴 적 숙제할 때도 누군가 먼저 해놓은 숙제를 참고하면 한층 더 수월했던 기억이 다들 있을 것이다. 상장을 앞둔 종목도 비슷하다고 보면 된다. 그러면 남의 숙제는 어떻게 볼 수 있을까? 상장하기 전이지만 비상장기업도 장외에서 일부 거래가 이루어진다. 그렇게 거래되는 가격들을 살펴보면 현재 책정된 공모 가격이 저렴한지 비싼지 스스로 판단해 볼 수 있다.

하지만, 이 또한 최근 몇 년간 공모주에 대한 과열 때문에 적정 가격에 거래가 된 것인지 의구심을 품게 만드는 경우가 많다. 물론 그렇게 거래되는 가격들이 모두 정답 또는 그런 가격으로 흘러간다는 보장은 없다. 단순히 이 종목이 어느 정도에 거래가 되고 있는지 참고 자료로만 활용하는 것이 좋다고 본다.

하루하루 생업만으로도 바쁜 직장인이기에 다양한 자료를 검토할 시간이 없기에 이렇게라도 최근 거래가격을 보는 것도 나쁘지만은 않다고 생각한다.

장외 가격을 볼 수 있는 사이트는 "K-OTC", "38커뮤니케이션", "비상장주식 거래 앱(증권플러스 비상장 등)"이 대표적으로 있다. 하지만 주의할 점은 매물이 많지 않으며 허위 매물들도 있으니 잘 살펴보도록 하자. K-OTC의 경우 일부 증권사 앱에서 상장 기업과 마찬가지로 동일하게 거래가 가능하다는 장점이 있다.

또한, 증권 플러스 비상장도 요즘은 메인 증권사와 연계되어 있기에 안전한 편이다. 하지만 38커뮤니케이션을 통한 거래의 경우 당근마켓처럼 1:1 거래이기에 거래를 신중히 하는 것이 좋다. 여기서 주의할 점은, 비상장주식을 거래할 시 1인당 250만 원까지만 양도소득*이 기본 면제된다.

양도소득 : 자산의 양도로 인한 소득이 발생하는 것

장외병이 퇴각했다.
이번에는 기관병 적진 앞으로

    장외시세*를 통해서 가격대를 확인하였지만, 코스피, 코스닥과 다르게 일부 증권사나 장외거래 앱*을 통해서만 거래되는 종목들의 경우, 적은 거래량으로만 시세가 형성되는 경우가 많기에 해당 비상장주식의 공모주 선정 가격이 높은지 낮은지 판단하기 어려울 때가 있다. 더군다나 거래량이 적으니, 시세가 누군가에 의해 좌지우지될 수도 있기에 더욱 판단하기가 쉽지 않다.

    그렇다면 공모가의 가격이 높은지 낮은지 판단할 수 있는 또 다른 방법이 없을까? 방법이 있다. 그건 바로 기관들의 참여를 통해서 예측해 보는 것이다. 개미들이라 불리는 우리는 시간이 한정되어 있다. 더군다나 생업에 종사하는 시간이 대부분이기에 더더욱 기업에 대해서 찾아보고 공부하는 시간이 절대적으로 부족하다. 그렇다고 잘 모르는 회사의 공모에 참여할 수 없지 않은가. 그렇다면 우리보다 상대적으로 시간이 많고 정보도 많은 기관을 활용해 보는 것은 어떨까 한다. 기관들은 공모주들에 대해서 지속해서 주관하고 참여해 오고 있으니 말이다.

통상적으로 공모주는 상장 전 기관 수요예측이라는 것을 한다. 말 그대로 기관들을 대상으로 얼마에 살 것인지를 조사하는 것이다. 경매와 비슷하다고 보면 된다. 경매에서도 좋은 물건일수록 사고 싶은 사람들이 늘어나기에 낙찰가격은 높아지고 매력도가 떨어지거나 좋은 제품이 아니라고 판단되면 사람들이 경매에 참여를 많이 하지 않기에 금액 역시 높은 가격을 제시받지 못하지 않는가. 수요예측에서 많은 가격대를 제시한 금액을 기준으로 공모 가격이 정해진다. 정해진 공모 가격과 함께 중요하게 참고해야 할 자료가 기관경쟁률이다. 다른 것들을 찾아볼 시간이 나지 않는 사람들은 기관경쟁률을 보고 공모주를 참여하는 것도 하나의 방법이다.

과거에는 청약 참여 기준이 되는 기관경쟁률이 1000:1이 넘으면 대부분이 안정적이라고 생각하고 참여하였다. 하지만 공모주 시장이 과열되고 기관들뿐만 아니라 무늬만 기관인 1인 투자자 역시 공모주 시장에 참가하여 과열을 부추겼고 상장을 준비하는 회사들도 적정가격을 제시하기보다는 상장하고 싶은 가격을 제시하는 경우가 빈번해졌다. 이러다 보니 기관의 수요예측에 대해서 불신이 생겼고 금감원에서 2023년 하반기에 수요예측 제도를 개편하였다. 이로써 기관의 수요예측은 700~900대까지 내려왔지만 2024년에 다시금 공모주 상승효과가 나타나면서 다시 1000:1을 돌파하는 종목들이 종종 나오고 있다. 기관의 수요예측에 대한 기준과 경쟁률은 시간에 따라 정책에 따라 바뀌기 때문에 기관 수요예측만으로 공모주에 참여하겠다고 생각하는 사람은 본인만의 기준을 가지고 참여하는 것이 손실을 보지 않을 확률을 높이는 것이다.

나의 기준은 이렇다. 코스피에 상장하는 대형 공모주의 경우 상장하는 주식 수나 공모가 단위가 크기에 단순 수요예측의 숫자만으로 판단은 쉽지 않다. 대형 공모주를 제외한 일반공모주들의 경우 상장주식 수나 공모가 보통 1만 원에서 3만 원 사이가 가장 많기에 대략 수요예측이 900 정도 이상이 되면 대부분 참여를 하려고 한다.

장외시세 : 주식이나 채권의 거래가 증권 거래소의 정규 거래소 밖에서 형성된 가격

장외거래 앱 : 장외시세로 거래가 가능한 앱으로 증권 플러스 비상장 등이 있음

돌덩이와 금덩이 어느 것이 더 귀한가

기관경쟁률까지 확인했고, 이제 어떤 것을 더 봐야 할까? 우리가 금덩이를 돌덩이보다도 귀하게 여기는 이유가 무엇일까? 바로 희소성 때문에 그렇다.

아무리 가격이 저렴하고 기관경쟁률이 높아도 그 주식의 희소성이 낮으면 좋은 평가를 받기가 쉽지 않다. 그 희소성을 대신할 수 있는 부분이 상장 당일 거래 가능 물량이다. 그날에 주식의 몇 퍼센트까지 거래할 수 있는지 확인하는 것이 필요하다.

이름하여 "보호예수물량"

보호예수물량이 많으면 많을수록 해당 주식의 상장 당일에 물량이 잠기니 상승할 확률이 높아지게 된다.

여기서 같이 보면 좋은 것이 공모방식이다. 신주모집*으로만 공모하는 때도 있고 신주모집에 구주매출을 같이 포함하여 공모하는 방식으로 나뉜다.

신주모집은 말 그대로 상장되는 새로운 주식만을 유통하는 경우이다. 유통되는 주식의 수가 적으니 상장 첫날 주가가 오를 확률이 더 높다. 구주매출을 같이하는 경우는 기존 투자자들의 수익 실현 및 EXIT*가 목표인 경우가 많다.

구주매출이 포함되었다고 무조건 나쁜 것은 아니지만 주가라는 것이 파는 사람이 많으면 떨어지는 것이 기본이기에 기존 주주들의 매도 가능 물량이 많다는 것은 그만큼 공모주 상장 당일에 공모주의 하락 가능성을 높일 수밖에 없다. 확실히 구주매출 없이 신주모집으로만 상장하는 종목들이 상승하는 경우가 많다. 물론 구주매출이 많아지고 있다고 해서 무조건 공모주의 상장일 하락을 하는 것만은 아니다. 다만 기존 주주들의 탈출은 본인이 투자한 회사에 대해서 미래가치를 낮게 본다고 반증할 수 있으므로 이 부분도 한 번 챙겨보는 것이 좋을 듯하다.

신주모집 : 회사가 새로 주식을 발행하고 이를 새로운 주주가 취득하는 행위

EXIT : 비상장주식을 보유한 주주들이 회사의 상장을 통해 일반 주주들에게 주식을 판매하는 행위

회사의 재정 상태를
3분 카레처럼 파악하기

 공모주를 참여하다 보면 생각보다 시간도 많이 들고 손도 많이 가는 것이 사실이다. 적게는 1주에 1개 많게는 5~6개의 공모주에 청약하는 일정이 생기기도 한다. 이를 공모주 슈퍼위크(Super week)라고 부른다. 소수 종목에만 청약에 참여한다고 해도 신경을 쓸 부분이 많다. 수요예측 확인 & 청약 참여 & 상장일 매도 & 매도된 자금 이틀 후 이체하기 등 이런 패턴을 계속해야 하니 평균 2~3개의 종목만 꾸준히 참여하더라도 시간이 은근히 소모된다.

 그렇다고 무턱대고 공모 참여 여부를 결정할 수는 없지 않은가. 앞에서 살펴본 장외가격 및 수요예측 등도 중요한 지표이지만 이 회사가 어떤 사업을 어떻게 영위하고 있으며 회사의 재정은 어떤 상태인지 간단히 3분 만이라도 살펴보고 공모에 참여하도록 하자.

먼저 전자공시시스템을 통해서 공모에 참여할 회사를 검색 후, 증권신고서를 클릭하자. 증권신고서 내용을 다 읽어보면 정말 좋다. 그러나 대부분 패턴은 비슷하기에 한 번은 정독하는 것을 권장한다. 어렸을 때 무협지를 보다 보면 여러 종류의 책들이 있지만 읽다 보면 어디에선가 한 번 봤던 내용인 듯하기도 하여 빠르게 다른 책들도 읽어 내려갔던 경험이 있다. 이 역시 마찬가지이다. 내용이 유사한 패턴이 있기에 두 번, 세 번 읽게 된다면 빠른 속도로 증권신고서에 적혀 있는 내용을 숙지해 나갈 수 있을 것이다.

다른 부분도 중요하지만, 다음 설명하는 주요 부분에 대해서라도 간단히 보고 공모에 참여하는 것이 좋다.

첫 번째, 투자위험 요소이다.

1.번의 사업 위험은 굉장히 상투적인 이야기들이 대부분이다. 코

로나로 인한 세계 경제 침체, 후발주자들의 시장진입, 경쟁 심화에 따른 위험, 관련 정책의 변화에 따른 위험 등이다. 대부분 어느 종목이나 적용할 만한 위험 요소이기에 그보다는 회사의 직접적인 위험 요소가 어떤 것이 있나 확인하는 것이 더 효율적이다.

예를 들면, 기술성장기업 특례로 상장하느냐이다. 이런 기술성장기업의 경우 현재의 재정 상태는 좋지 않지만, 미래의 가치를 보고 상장을 허용한다는 점이다. 당연히 이런 기업들은 공모자금의 일정 부분을 부채 상환에 사용하는 경우가 많다. 2023년 하반기 기술특례로 상장한 기업 중 크게 기사가 된 기업이 있다. 국내 반도체 설계 스타트업 회사인 파두는 상장 시 공모에 참여한 증권사만 7개로 상당히 관심을 모았던 회사이다. 예상 연 매출 1,200억을 제시하여서 상당히 매력적인 회사로 인식되어 많은 사람이 공모주뿐만 아니라 실제 상장 후 해당 종목을 매수하기도 하였지만, 뚜껑을 열어보니 2023년 2분기 매출이 5,900만 원에 그치는 등 회사의 상장 규모보다 너무나 터무니없는 숫자들이 발표되었고, 이는 기술특례로 상장한 안 좋은 사례로 남아있다. 이렇게 기술특례 상장의 경우는 한번 더 주의를 구하고 공모주 청약에 참여하는 것이 좋다.

두 번째, 회사의 위험 요소이다.

재무안정성 및 유동성 악화 / 수익성 악화 위험 / 핵심 인력 이탈 위험 / 지식재산권 관련 위험 / 경영 안정성 관련 위험 / NVIDIA 파트너 (공급계약) 계약 갱신 위험 / 신규사업 관련 위험이 있다. 전자에 예를 들어서 확인한 사업 위험과는 느낌이 다르지 않은가. 이런 회사의 직접적인 위험이 어느 정도인지는 알고 공모에 참여하는 것이 좋다.

가. 기술성장기업 특례 적용 기업 위험

당사는 코스닥 시장 상장요건 중 전문평가기관의 기술 등에 대한 평가를 받아 A등급 이상을 취득하여 기술력과 성장성이 인정되는 기업인 기술성장기업(기술 특례 상장)입니다. 통상 기술성장특례의 적용을 받아 상장예비심사를 청구하는 기업은 사업의 성과가 본격화되기 전이기 때문에 안정적인 재무구조 및 수익성을 기록하고 있지 않은 경우가 많습니다. 당사는 최근 사업연도 당기순이익을 시현하였으며, NVDIA 파트너 등급 승격에 따른 마진율 개선 및 솔루션 매출과 AI개발 서비스 사업 확장에 따라 영업수익 및 이익이 성장할 것으로 전망하고 있습니다. 다만, 내·외부 경영 환경의 변화, 전방산업의 침체, 기술개발 실패 등의 요인으로 인해 당사의 수익성 및 성장성은 악화될 수 있습니다.

세 번째, 요약 재무 정보를 보도록 하자.

재무제표를 자세히 볼 시간이 부족하기에 요약된 부분으로 회사의 재정을 확인하는 것도 하나의 방법이다.

대부분 3년 이상의 자료가 나와 있기에 매출액의 흐름을 보면 회사 외연의 확장 및 회사의 성장이 보인다. 그리고 당기순이익을 보자. 영업이익에서 금융비용(이자비용)을 제외한 순이익이기에 그 회사가 장사해서 남기는 돈이 많은지 알 수 있다. 당연히 남기는 돈이 많아야 배당 또는 재투자를 할 수 있으니 말이다.

물론 매출과 당기순이익의 숫자가 전부는 아니다. 하지만 전반적인 재무제표를 볼 수 있는 시간이 부족하다면 이렇게라도 확인하고 공모주에 투자하는 것이 아무래도 좋을 듯하다.

고양이가 잘못 눌렀어요.
내 돈 환급해 주세요~ 환매 청구권이란?

지금은 너무나 유명하여 SM, JYP, YG와 함께 국내 K-POP을 이끄는 하이브라는 회사가 있다. 그 회사가 2020년 10월 초에 공모를 진행하고, 10월 15일에 코스닥에 상장했다. 너무나 유명한 글로벌 아이돌 방탄소년단(BTS)를 보유한 회사로 시장은 하이브의 상승에 많은 기대를 하고 있었다. 장 시작과 동시에 속칭 따상을 기록하며 351,000원을 터치했다. 이때만 해도 역시 하이브라는 시각도 있었지만, 너무 과한 거품이라는 반대의 시각도 있었다. 아니나 다를까 따상을 기록한 오전부터 거래량이 많아지더니 상한가가 풀리는 상황이 발생했다. 이날 종가는 258,100원으로 장중 최고가 대비 주당 십만 원 정도가 떨어진 채로 마감하였다. 하지만 상장 당일이 시작이었음을 그때는 몰랐다. 어떤 시작이냐면, 그다음 날도 그

다음 날도 지속해서 하락이 되었고 상장한 지 보름만인 10월 30일에 141,000원까지 내려가게 되었다. 공모가인 135,000원 근처까지 가격이 내려왔다. 이때 증권 게시판에 어떤 이들이 장난으로 하이브 주식이 환급이 가능하다는 내용의 글을 작성하였고 이 글은 삽시간에 주위로 퍼져나갔다. 개인적인 판단의 투자로 발생한 손실을 환급해 준다고 믿은 사람들이 있다는 것이 놀라웠다. 환매 청구권에 대해서 누군가 오인하고 글을 작성하였든지 아니면 장난을 치려고 했던 것인지 모르겠지만, 아마도 환매 청구권에 관한 내용이 잘못 알려져서 그런 것이 아닐까 생각이 들었다.

그럼, 정말 주식을 사고 손해를 보면 환급이 가능할까? 정답부터 말하자면 환급이 가능하다. 단, 특별한 조건이 있으면 가능하다. 그게 바로 환매 청구권이라는 것이다.

안타깝게도 하이브의 경우는 환매 청구권이 부여되지 않았었다. 아래의 증권신고서를 살펴보자.

> "금번 공모에서는 『증권 인수업무 등에 관한 규정』 제10조의3(환매 청구권) ①항 각호에 해당하는 사항이 존재하지 않으며, 이에 따라 증권 인수업무 등에 관한 규정 제10조의3(환매 청구권)에 따른 일반청약자에게 공모주식을 인수회사에 매도할 수 있는 권리(이하 "환매 청구권"이라 한다.)를 부여하지 않습니다."

명확히 부여하지 않는다고 되어있다. 그럼, 환매 청구권이란 정확히 무엇을 말하는 것인가.

간단히 말하자면, 공모 후 상장을 해야 하는 회사가 인기가 없을 수 있으니 상장 후 특정 가격 이하로 내려가면 주관 증권사에서 일반 투자자의 주식을 매수한다는 것이다. 무작정 특정 가격 이하로 내려갔을 때 주관 증권사가 매수하게 되면 악용이 되는 등 문제의 소지가 있으니 어떤 조건을 충족해야만 환급이 가능하다.

공모가의 90% 이하로 떨어졌을 때, 예를 들어 공모 가격이 10,000원인 주식이 상장후 9,000원 이하로 떨어졌다면 주관 증권사에 주식을 9,000원에 매도할 수 있다는 것이다. 10%가 넘게 떨어지면 주관 증권사가 손해를 보고서라도 매수한다는 것인데 이렇게 하는 이유는 잠깐 언급했듯이 특례상장같이 재무제표가 좋지 않은 회사나 시장에서 소외당하는 기업의 경우 IPO에 성공하기 위해 이런 환매 청구권을 부여하기도 한다. 다만, 주식을 거래하지 않고 공모로 받은 주식을 그대로 보유하고 있을 시에만 적용이 되니 유의하자. 뒤에서 언급하겠지만 가족 계좌를 이용하여 청약을 진행하는 경우에 배정 주식을 한 계좌로 이체하였을 때는 환매 청구권의 해당 사항에서 제외되니 참고해서 진행해야 한다.

구분	일반 청약자의 권리 및 인수회사의 의무
행사 가능 기간	상장일부터 6개월까지
행사대상 주식	인수회사로부터 일반 청약자가 배정받은 공모주식 (다만, 일반 청약자가 해당 주식을 매도하거나 배정받은 계좌에서 인출하는 경우 또는 타인으로부터 양도받은 경우에는 제외)
권리행사가격	공모 가격의 90% (다만, 일반 청약자가 환매 청구권을 행사한 날 직전 매매거래일의 코스닥지수가 상장일 직전 매매거래일의 코스닥지수에 비하여 10%를 초과하여 하락한 경우에는 다음 산식에 의하여 산출한 조정가격을 권리행사가격으로 합니다.) ※ 조정가격 = 공모 가격의 90% × [1.1 + (일반 청약자가 환매 청구권을 행사한 날 직전 매매거래일의 코스닥지수 - 상장일 직전 매매거래일의 코스닥지수) ÷ 상장일 직전 매매거래일의 코스닥지수]

환매 청구권

3부

실전 공모주 돌입

증권사 우대조건으로
2배속 기차 타고 달리기

일반 주식이 아닌 공모주에 참여하는 이유는 무엇일까? 그것은 바로 리스크가 아주 작다는 것이다. 앞서 언급한 기관 수요예측이 1000:1이 넘으며 유통 물량이 적고 구주주가 없는 등 여러 좋은 요인들을 갖추고 상장하는 회사의 경우 경쟁률이 치열하다.

만약 자본금이 매우 많다고 가정해 보자. 그렇다고 하더라도 가지고 있는 돈만큼 청약할 수 없는 상황들이 종종 있다. 특히 상장하는 주식 수가 적은 종목일수록 더욱 그렇다. 자본금이 많을수록 공모주 시장에서 한 주라도 더 배정받을 수 있는 것이 유리하기에 방법을 찾을 필요가 있다.

남들보다 주식을 더 배정받는 방법은 어떤 것이 있을까? 그건 바로 우대 등급을 맞추는 것이다.

증권사에서는 개인의 등급을 자체 기준에 따라 일반과 우대 등급으로 구분해 놓는다. 증권사에 따라 일부 상이하지만, 일반의 경우 50%, 100%의 주식을 청약할 수 있지만 우대 등급의 경우 200%의 주식을 청약할 수 있다. 다시 말하면, 자본금이 넉넉하다는 가정하에 일반이 1주 또는 2주를 배정받을 시 우대 등급의 경우 2주, 4주의 주식을 배정받는다는 말이다.

그럼, 증권사 우대조건은 어떻게 맞춰야 하는가? 증권사마다 다르기에 각각에 맞는 조건으로 맞춰야 한다. 일부 증권사의 경우 우대조건을 달성하면 공모주 청약 수수료(1,500원~2,000원)도 발생하지 않는 장점이 있다. 일반적으로 우대조건을 맞추기 가장 무난한 방법은 평잔과 주식약정금액 충족이다.

여기서 평잔이란 특정 기간의 평균잔액으로, 월 평잔 천만 원이라고 하면 한 달 동안 천만 원을 해당 계좌에 넣어두든가 아니면 3억을 하루만 넣어두면 된다. 말 그대로 평균잔액이기에 해당되는 적은 금액으로 해당 기간을 맞추든가 아니면 하루만 예치하더라도 한꺼번에 큰 금액을 예치하여 평균잔액을 충족시키면 된다. 또 다른 방법인 주식약정금액이란 주식을 사고판, 즉 매매한 금액의 총합을 말한다. 예를 들어 매수를 5천만 원 하고 매도를 5천만 원 했다고 하면 약정 금액은 1억이 된다.

평잔의 경우 증권사마다 상이하지만 대부분 3~6개월간 몇천만 원 이런 식으로 되어있어서, 현금이 많으면 상관없지만 대부분 맞추기가 쉽지 않다.

그러면 어떻게 해야 할까?

주식약정금액으로 조건을 채우는 편이 편하기는 하다. 주식으로 매매 시 증권 거래 세금이 나가게 되므로 ETF를 통해서 실적을 채워도 된다. ETF는 증권 거래 세금이 없다. 추천 ETF는 거래량이 많고 코스피 200지수를 따라가는 KODEX200 같이 움직임이 크지 않은 ETF를 추천한다.

우리의 목적은 실적을 맞추는 것이기에 욕심을 부리지 않고 매매하는 것을 추천한다.

비례청약을 진행할 시 간단하게 주요 증권사별 우대조건에 대해서 요약하면 다음과 같다. 공모주를 많이 주관하는 메이저 증권사들의 경우 우대 조건을 충족 시 유용하기에 가능하면 조건을 맞추는 것이 좋다. 다음 조건들은 24년 기준이지만, 증권사의 상황에 따라 변할 수 있기에 시간이 지나면 증권사 앱을 통해서 확인하는 것이 좋다.

💲 **하나증권**: 일반 100%, 우대 200% 배정으로, 요건은 하나패밀리 이상의 고객이거나 하나증권의 중계형 ISA 계좌를 통해서 공모주를 청약한 고객이다. 우대 등급의 경우 공모주 청약 수수료가 면제이다. 고객 등급 산정의 기준은 점수로 산정되는데 단순 평잔으로 하려면 3개월 평잔이 1억의 조건을 맞춰야 해서 쉽지는 않다. 하나증권은 하나은행과도 연계가 되기에 급여 이체 및 아파트 관리비 이체 등 다양한 방법으로 점수를 얻을 수 있다. 고객 등급은 3개월마다 새롭게 갱신되기 때문에 (1, 4, 7, 10월) 해당

분기에 맞춰서 계산하는 것이 좋다.

💲 **키움증권**: 일반 100%, 우대 150% 배정으로 우대 요건은, 직전 1 개월 평균잔액이 2천만 원 이상일 때 가능하다. 12월 1일에 신청하게 되면 11월 1일에서 말일까지의 평균잔액이 2천만 원 이상이어야 한다. 우대 한도는 150% 배정으로, 일반 한도 100%와 차이가 크지는 않고 메이저 공모주 증권사가 아니기에 요건을 맞추지 않아도 된다. 우대 고객의 경우 공모주 청약 수수료가 면제된다.

💲 **대신증권**: 일반 100%, 우대 200% 배정으로, 우대 요건은 연금 펀

드 400만 원 이상 보유 또는 직전 달 IRP 잔액이 400만 원 이상 보유 또는 3개월 평균 국내 및 해외주식 1천만 원 이상 거래 또는 ISA 계좌 1천만 원 이상 보유이다.

- ⑤ **신영증권**: 일반 100%, 200%, 우대는 300%까지 청약할 수 있다.

- ⑤ **유진투자증권**: 일반/우대 청약 한도 100%로 동일하다.

- ⑤ **NH투자증권**: 일반은 100%, 우대의 경우 150~300%까지 조건에 따라서 적용된다.

- ⑤ **미래에셋**: 온라인으로 청약 시 일반/우대 청약 한도 200%로 동일하다.

- ⑤ **신한금융투자**: 온라인으로 청약 시 일반/우대 청약 한도 200%로 동일하다.

- ⑤ **NH증권**: 일반 100%이며 우대의 경우 150~300%까지 다양하다. 150%의 우대를 받기 위해서는 3개월 평균잔액이 3천만 원이 넘어야 한다.

- ⑤ **삼성증권**: 일반 50%이며 우대 100%를 충족하기 위해서는 과거 3개월간 평균잔액 2천만 원 이상이면 된다. 이외에도 200%의 경우 연금 자산 3개월 평균잔액 400만 원 이상 보유 시 또는 CMA를 통하여 3개월 이상 급여 이체(50만 원 이상)를 하면 된다.

- ⑤ **한국투자증권**: 일반은 50%의 청약 한도이고 준우대(100%)의 경우 3개월 평균잔액 또는 주식계좌에 3천만 원 이상 있을 시 적용된다. 우대(200%) 및 최고 우대(300%)까지 구분이 된다.

- ⑤ **하이투자증권**: 일반/우대 청약 한도 100%로 동일하다.

💲 **DB금융투자**: 일반/우대 청약 한도 100%로 동일하다.

💲 **KB투자증권**: 기본이 100%이며 120%에서 300%까지 세분되어 있다. 150%의 청약 한도를 받을 수 있는 가장 쉬운 방법은 ISA 계좌에 100만 원 이상 보유하면 된다. 200%의 한도는 ISA 또는 IRP 계좌에 1,000만 원 이상 보유하면 된다.

우대조건을 맞추기 위한 조건들을 간략히 살펴보았지만, 모든 증권사 우대조건을 맞추기란 여간 어렵다. 그렇기에 선택과 집중이 필요하다. 약정 금액으로 조건을 맞출 수 있는 증권사의 우대조건을 먼저 맞춰놓고 나머지 필요 증권사들의 CMA 계좌에 자금을 넣어두어 평균잔액을 맞추는 방법으로 진행해 보자.

계좌는 多多益善

  시드머니, 즉 자본금이 충분한 사람의 경우 한 개의 계좌에 큰 금액을 넣어서 공모주 청약에 참여하면 공모주 배정을 많이 받을 수 있어 좋겠지만, 이 책은 자본금이 충분하지 않은 사람들을 대상으로 작성되기에 효율적으로 공모주를 많이 배정받는 방법에 관해서 이야기하려고 한다. 앞에서 언급한 여러 증권사의 우대조건을 어느 정도 맞춰서 다른 사람들보다 많은 공모주를 받을 수 있는 상황이 아니라면 어떻게 해야할까? 계좌가 많으면 된다. 과거의 공모주는 복수 증권사(주관사가 여러 증권사일 경우 중복으로 신청 가능)에 신청할 수 있었던 시기가 있었다. 지금의 개편된 공모주 청약에서는 주관사가 여러 증권사여도 한 개의 증권사에만 청약할 수 있다. 만약 그걸 모르고 여러 주관사에 같은 날 청약을 넣더라도 가장 먼저 청약한 1곳의 증권사를 제외하고는 모두 배정이 취소되기에 이 점을 알아두고 청약에 참여해야 한다.

과거처럼 복수의 증권사에 청약이 불가능한 상황에서 어떻게 공모주 청약에서 많은 주식을 배정받을 수 있단 말인가? 복수 증권사에서 힌트를 찾을 수 있다. 답은 바로 여러 사람의 명의로 공모주 청약을 진행하는 것이다. 지금 나도 두 명의 자녀와 배우자 그리고 부모님 계좌까지 해서 5개의 계좌를 통해서 공모주 청약을 진행하고 있다. 공모주에서 비례 1주를 배정받기 위해서 경쟁률이 높은 공모주의 경우에는 2,000~3,000만 원이 필요한데 이렇게 다수의 계좌를 통해서 균등배정을 받게 되면 수천만 원의 시드머니가 있는 것과 동일한 효과를 볼 수가 있다.

2020년까지는 청약증거금의 크기에 따라 배정되었지만 공모주 청약에서조차 빈익빈 부익부 현상이 나타난다는 비판이 일어났다. 그래서 2021년부터는 일반인에게 배정하는 주식의 절반은 청약증거금의 액수에 따른 비례배정으로 진행하고 나머지 절반은 균등배정으로 진행하게 되었다. 이와 같이 변경되었기에 자본금이 넉넉하지 않은 사람도 청약에 참여하여 수익을 낼 수 있는 구조가 형성된 것이다. 공모주 청약에 참여하는 사람이 늘어날수록 다수 계좌를 가지고 있는 사람들이 유리한 것이 사실이다. 하지만 먼저, 본인 계좌로 여러 번 진행하고 충분히 연습이 된 뒤에, 본인 1개의 계좌만으로는 수익이 아쉽다는 분들에게 추천하는 방법이다. 처음부터 욕심을 부리면 쉽게 지치기 때문에, 본인 계좌부터 시작하고 난 뒤에 가족 계좌까지 개설하는 것을 목표로 삼자.

편리하게 1개의 스마트폰으로 계좌 관리하기

다수의 증권사 계좌를 한 개의 스마트폰으로 만드는 것은 어렵지 않다. 다만, 한 개의 스마트폰으로 다수의 공모주 청약에 참여하는 것이 번거로울 수가 있다. 하지만 나에게 월급 이외의 추가 소득을 줄 수 있기에 약간의 번거로움은 당연히 감내하고 이겨낼 수 있지 않을까 싶다.

가장 먼저 할 일은 본인이 여러 증권사의 계좌를 만든 것처럼 가족들 역시 그렇게 계좌를 생성하는 것이다. 먼저 성인들의 경우에는 앞에서 언급한 것처럼 연계된 앱을 통해서 하루만에 다수의 계좌를 만들거나 은행을 방문하여 하루에 3개씩 계좌를 개설하는 방법이 있을 수 있다. 그리고 나서도 추가로 필요한 증권사가 있다면 영업일 기준 20일 이후에 해당 증권사의 앱을 통해서 계좌를 개설하면 되기에 어렵지 않다. 미성년자도 은행을 방문하여 3개의 계좌를 개설한 후에 필요할 때 근처 증권사에 방문하여 계좌를 추가로 개설하는 방법이 있다. 이런 방법으로 3일 정도면 대부분 주요 증권사는 전부 개설이 가능하다. 하지만 공모주 및 아이들에게 주식을 선물하는 분위기가 형성되면서 주식시장에 미성년자들의 계좌가 많이 생성되고 있기에 증권사별로 미성년자 비대면 증권 계좌 개설이 가능해졌다.

현재 시행 중인 증권사는 KB증권, 미래에셋증권, 키움증권, NH투자증권, 삼성증권 등이 있다. 점점 미성년자 비대면 계좌 개설이 늘어나고 있지만, 비대면으로 계좌를 개설하게 되면 영업일 20일, 즉 한 달을 다른 증권사 계좌를 만들 수 없기에 가능하면 은행과 증권사를 돌면서 단기간에 계좌를 만들어 두는 것이 좋다. 은행이나 증권사에 방문 시 회사마다 필요한 구비서류는 약간 상이할 수 있기에 해당 지점 방문 전에 미리 확인 후 방문하는 것이 좋지만 해당 서류로 대부분은 개설할 수 있다.

- 자녀 기본증명서(상세)
- 가족관계증명서(1명이 아닌 2명 이상의 자녀 계좌를 한 번에 개설할 때는 법정대리인 기준 1부로 가능)
- 부모님의 신분증
- 부모님과 자녀의 도장(부모님의 도장은 사인으로 대체 가능)

미성년자 계좌를 개설하기 위해서 은행을 방문할 시 해당 은행의 계좌는 당연히 필수적으로 있어야 한다. 은행에서 연계 계좌를 만들었다고 해서 끝이 아니라 직접 해당 증권사 앱을 다운받아서 ID 등록이라는 절차를 거쳐야 실제 계좌가 완성된다. 은행을 통해서 연계 계좌를 만들었다면 ID 등록 절차는 성인 계좌나 미성년자 계좌나 동일한 방법으로 ID 등록을 마쳐야 한다. ID 등록을 마무리했다면 실제로 주식을 거래할 수 있는 환경을 만들어야 한다.

환경이란 공동인증서라는 것을 말한다. 금융거래를 스마트폰으로 해본 사람이라면 낯설지 않은 용어일 것이다. 하지만 대부분 사람은 본인의 스마트폰에는 본인의 공동인증서만 들어가 있고 사용할 수 있다고 알고 있을 것이다. 하지만 꼭 그렇지만은 않다. 본인의 스마트폰에 가족들의 공동인증서를 다운받아서 주식이나 금융거래를 할 수 있다. 한 곳의 증권사 앱에 접속하여 공동인증서를 다운받아서 다른 증권사 앱에 해당 공동인증서를 복사하여 원하는 증권사의 공동인증서를 모두 다운받으면 된다.

분명히 이 과정이 제일 번거로운 일이기는 하지만 돈을 번다는 것이 어디 쉬운가? 이 책을 읽으시는 분들도 귀찮음을 이겨내고 돈을 벌기 위해서 책을 보시는 것이 아닐까 싶다.

스마트폰을 통한 증권사(MTS)로 증권 거래를 하면 공동인증서는 1년마다 갱신을 해야 한다. 5명의 계좌로 공모주 청약을 한다고 가정하면 평균 2달에 한 번씩은 공동인증서 갱신하는 작업을 꼭 해야만 한다. 이 과정을 잊어버리게 되면, 처음에 했던 공동인증서 복사하는 작업을 모두 다시 해야 하는 더 큰 번거로움이 기다리고 있으니 꼭 잊지 않고 해당 시점에 갱신하도록 하자.

또 하나 주의할 점이 공동인증서를 다운받았다고 공모주 청약, 공모주 매도, 매도 자금 이체 등을 모두 할 수 있는 것은 아니다. 이 과정들을 모두 편하게 하기 위해서는 OTP가 필요하다. 미성년자 자녀들의 경우 은행을 방문해 연계 계좌 개설 시에 OTP도 같이 만들어 달라고 요청하도록 하자. 성인도 마찬가지로 OTP가 있으면 공모주 청약 및 매도 등 여러 가지 업무를 하는데 편리하다. 특정 증권사는 OTP 없이 공동인증서 비밀번호만으로도 진행할 수 있지만, 다수의 증권사가 거래대금 이체 등을 진행하기 위해서는 OTP가 있음이 훨씬 편리하다.

1개의 스마트폰으로 공동인증서를 관리하는 사람들도 있지만, 집에서 사용하지 않는 스마트폰을 통하여 각각 공동인증서를 다운받아서 공모주 청약에 참여하는 사람도 있다. 본인에게 편리한 방법을 하면 되겠지만 스마트폰 여러 대 들고 다니는 것보다야 한 대의 스마트폰만으로 모두 관리가 되는 방법이 더 편리하지 않을까 싶다.

연례행사 공동인증서 갱신

　가족 계좌의 인증서들을 본인의 스마트폰으로 다운받아서 청약할 준비를 마치고 실제로 청약을 진행하다 보면 시간이 금방 흘러갈 것이다. 시간이 흘러 가족 계좌로 어느 날 로그인해 보면 공동인증서를 갱신하라는 문구나 팝업이 뜨는 것을 볼 수 있다. 아니 한번 등록하면 평생 쓰는 것이 아니냐는 생각을 처음에 했었지만, 요즘은 보안을 중요하게 여기는지라 1년에 한 번씩은 인증서를 갱신해야만 한다. 그냥 단순히 버튼만 클릭하면 되는 것이 아니냐고 생각할 수 있지만 그렇게까지 단순하지만은 않다.

　공동인증서 갱신 때문에 처음에는 의욕을 가지고 가족 계좌까지 청약에 참여하고는 했지만, 시간이 지나고 인증서 갱신이 귀찮아 결국에는 본인 계좌만 청약하는 사람들도 제법 있다.

공동인증서 갱신을 어떻게 해야 할까? 방법은 증권사마다 약간 상이하지만, 메인 증권사의 인증센터라는 메뉴에 접속 후 공동인증서 갱신 버튼을 누르고 진행하면 된다. 여기까지만 보면 정말 쉬운 것처럼 보일 수 있으나 메인 증권사의 인증서를 갱신하고 다음부터가 진짜이다. 메인 증권사의 인증서를 갱신 후 나머지 증권사에 해당 인증서를 보내줘야 한다. 인증서를 받으려는 증권사 인증센터에 들어가서 인증서 가져오기를 선택한 후 메인 증권사의 인증센터에서 인증서 내보내기를 선택하여 인증서를 복사해야 한다. 메인 증권사 이외의 증권사에 인증서를 가져왔다면 일부 증권사의 경우 해당 인증서로 로그인을 시도하면 타기관인증서 등록을 하라는 팝업창이 나올 것이다. 인증서를 가져온 증권사의 인증센터에 들어간 후 타기관인증서 등록하기까지 완료해야 주 증권사 이외의 1개의 증권사에 인증서를 복사하여 사용할 수 있게 된 것이다.

일부 증권사의 경우 타기관인증서 등록을 하지 않고 인증서 복사(내보내기 & 가져오기)만으로도 사용할 수 있기에 로그인을 해보고 필요시 타기관인증서 등록을 하는 것도 효율적인 방법이다.

계좌에도 본진이 있어야 한다

과거에 스타크래프트라는 게임이 한창 유행했던 시절이 있었다. 나 역시 그때 많은 시간을 허비하며 그 게임에 몰입했던 기억들이 있다. 그 시간에 다른 것을 공부하거나 재테크에 투자했으면 어땠을까라는 아쉬움이 남는다. 이 스타크래프트에서 알게 된 점을 공모주 청약에 한 번 적용해 보면 이 부분일 것이다. 이 게임에서는 본진의 중요성이 강조된다. 공모주에서도 마찬가지라고 생각한다.

가족 계좌를 활용하는 경우에는 증권사마다 대표 청약 계좌가 있어야 한다. 왜 그럴까? 공모주는 많은 종목이 청약, 매도, 환급의 반복이 이루어지기에 여러 계좌를 사용하게 되면 배정받은 주식이 어디 계좌로 갔는지 찾기가 번거로운 게 사실이다.

그렇기에 본진 계좌를 정해놓고 청약하는 것이 좋다. 가족 계좌를 활용하는 경우에는 대부분 청약을 주도하는 사람의 계좌로 자연스레 활용하게 될 것이다. 은행 역시 메인 계좌가 있어야 편하다.

증권사의 증거금 납입 및 매도 그리고 청약환불금을 받을 계좌를 한 개의 은행계좌로 설정해 놓아야 본인의 증거금 입출금 목록을 한 번에 확인할 수 있기에 그렇다. 은행마다 조금 다르겠지만 우리은행의 경우 자주 이체하는 계좌에 대해서 그룹을 만들어서 진행할 수 있기에 가족들 이름을 그룹으로 만들어서 계좌 이체 시마다 계좌번호를 외우지 않고 바로 증거금을 납입할 수 있는 편리함이 있다. 아마 다른 은행들도 비슷하거나 동일한 기능을 제공할 것으로 생각한다. 증권사나 은행의 본진 계좌 한 곳을 정해놓으면 공모주 청약하는데 훨씬 수월하게 진행할 수 있다.

한곳으로 몰아서 매도하기

증권사 본진 계좌를 정했다면 공모주 배정도 본진 계좌로 받아서 진행하는 것이 좋다. 청약 당일 9시가 되면 공모주의 시작 가격이 형성되고 금액은 시시각각 변하게 된다.

빠르게 가격이 변하기에 어떤 가격에 팔아야 하는지 고민할 시간도 부족하다. 이때 만약 공모주 배정을 한 개의 계좌로 받지 않고 가족 계좌 각각에 모두 배정받게 되면 어떤 일이 벌어질까? 3개의 계좌만 청약한다고 가정해 보아도, 3번을 로그인해서 매도 버튼을 눌러야 한다. 각 계좌로 3번 로그인하는 것은 어렵지는 않다. 하지만 공동인증서를 수시로 로그인해야 하기에 시간이 오래 걸린다.

앞에서 언급한 것처럼 공모주는 테마주처럼 시작과 동시에 가격의 변동 폭이 크기에 본인이 생각한 매도 가격이 있다면 바로 매도

하고 끝내야 하는데 1번 계좌에서 팔고 로그아웃 후 2번 계좌로 로그인하고 동일하게 3번 계좌까지 한다는 것이 여간 비효율적이고, 금전적인 손해를 볼 수 있는 상황도 많이 생기기 마련이다. 그렇기에 공모주를 신청할 시 처음부터 한 개의 계좌, 즉 본진 계좌로 몰아서 배정을 받는 것이 유리하다.

방법은 증권사마다 약간은 상이하지만, 미성년자의 경우 증권사를 통해서 개설 시에는 담당 직원에게 처음부터 가족이 배정받을 공모주를 본인 계좌로 받고 싶다고 말하면 된다. 성인의 경우, 요즘에는 증권사에서 공모주 청약을 진행할 시 청약 배정받고 싶은 계좌를 입력하는 칸이 따로 있기도 하다. 그리고 성인과 아이 모두 OTP가 필요로 하는 증권사가 있으니, OTP는 꼭 발급받자.

증권사에 성인 가족과 함께 방문하여 진행하는 방법도 있긴 하지만 증권사 지점의 위치 제약과 시간이 걸리기에 시간적으로 여유가 있는 분들에게 추천한다.

째깍째깍 공모주 청약 시간

　본인뿐 아니라 가족의 다수 계좌를 통해서 공모주를 참여할 준비가 되었다면 공모주 청약 가능 시간을 확실하게 알아둬야 한다. 청약일의 경우 대부분의 공모주는 이틀간 청약이 가능하다. 청약 시간은 10시부터 16시까지이다. 첫날, 이튿날 모두 같은 시간에 청약할 수 있으며 가끔 증권사 전산의 오류로 청약 마감 시간이 늘어나는 경우가 있지만 가능하면 15시 전에는 마무리하는 것도 좋은 방법이다.

　환불일의 경우 청약 마감일에 2일을 더한다. 예를 들어 월요일 화요일 이틀간 공모주 청약을 진행하는 종목의 경우 청약을 하고 배정받은 주식 수의 금액을 제외한 환불금은 목요일에 인출이 가능하다는 말이다.

목요일이나 금요일보다는 화요일이나 수요일에 청약을 마감하는 종목에 참여하는 것이 좋은 이유는 대출 수수료 때문이다. 청약증거금*을 마이너스 통장이나 대출을 이용하였다면 목요일나 금요일에 마감하는 종목은 환불일에 이틀을 더하고 주말까지 더해 4일이 대출 수수료가 더 발생하기 때문이다.

청약증거금 : 공모주를 청약하기 위해 필요한 돈으로 계산 방법은 "공모가 × 배정받고 싶은 주식 수 × 50%"로 공모가가 10,000원이고 10주를 청약 넣게 될 시에는 50,000원이 청약증거금이 필요

균등배정과 비례배정의 차이점은?

　공모주 청약을 진행하다 보면 균등배정*, 비례배정*이라는 용어들을 접하게 된다. 2020년에는 균등배정이라는 용어가 없었다. 2020년까지는 증거금이 많은 사람이 증거금에 비례하여 공모주를 배정받았다. 하지만 공모주에서도 빈익빈 부익부에 대한 논란이 일어나면서, 일반 청약자가 배정받을 수 있는 청약 주식 수에서 50%는 자금이 넉넉하지 않은 청약자들도 배정을 받을 수 있도록 제도를 개선했다.

　개정 이후 자금이 넉넉하지 않은 일반인들도 공모주에 참여하여 이익을 거둘 수 있게 된 것이다. 앞에서 살펴본 일반 청약자는 균등배정과 비례배정으로 공모주에 참여할 수 있다.

　그 전에 공모주는 누구에게 얼마만큼 배정되는지 알아보자. 공모주는 통상 기관투자자와 일반 청약자, 그리고 우리사주조합*에 배정이 된다. 상장하는 회사마다 약간씩은 다르다. 다음 표는 배정이 어떻게 되는지에 대한 예시다.

모집대상	배정주식수	배정비율	주당	모집총액
우리사주조합	200,000주	10.0%	26,000원	5,200,000,000원
일반 청약자	500,000주	25.0%		13,000,000,000원
기관투자자	1,300,000주	65.0%		33,800,000,000원
합계	2,000,000주	100.0%		52,000,000,000원

우리사주가 있는 경우

모집대상	배정주식수	배정비율	주당	모집총액
일반 청약자	721,750주	25.0%	26,000원	7,722,725,000원
기관투자자	2,165,250주	75.0%		23,168,175,000원
합계	2,887,000주	100.0%		30,890,900,000원

우리사주가 없는 경우

우리사주조합은 우리사주가 있는 경우도 있고, 없는 경우도 있다. 우리사주조합은 최대 20%까지 배정이 되기에 기관투자자는 55%까지만 배정이 된다(일반 25% / 우리사주 20% / 기관 55%).

만약 회사의 직원들이 매입하는 우리사주조합에서 미달이 발생할 때는 일반 투자자에게 추가로 5%를 더 부여하여 최대 30%까지 배정이 가능해진다. 일반 청약자에게는 100% 중에 최소 25%에서 최대 30%까지 배정이 된다. 일반 청약자에게 배정된 25%~30%를 절반씩 균등배정과 비례배정으로 또 나눠서 배정된다.

<table>
<tr><td>일반투자자</td><td>기관투자자</td><td>우리사주조합</td></tr>
</table>

균등배정 : 일반 청약자에게 배정하는 50%의 물량을 청약 신청자에게 균등하게 배정하는 방식

비례배정 : 균등배정을 제외한 50%의 물량을 신청 금액에 비례해서 배정하는 방식

우리사주조합 : 기업의 종업원에게 회사 주식을 취득, 보유하게 하는 제도

효율적인 비례청약 방법

이제 청약을 진행할 준비를 모두 마쳤다면 청약에 직접 참여해 볼 수 있다. 처음 공모주 청약을 하는 사람들은 10시 공모주 청약이 가능한 시간에 미리 접속해서 청약 시스템을 미리 익혀볼 수도 있다. 청약을 신청했다가 취소할 수 있기 때문이다. 청약할 때 자본금이 넉넉지 않았을 때는 최소 청약 수로 균등배정만 노리면 되기에 첫날에 청약을 마무리해도 무방하다.

과거에는 주관 증권사가 여러 개일 경우 이틀째 3~4시에 경쟁률이 낮은 곳, 배정을 조금이라도 높은 확률로 받을 수 있는 곳에 청약하였지만, 최근의 추세는 첫째 날 경쟁률이 차이가 나더라도 결국에 이틀째 3시 이후로 거의 같게 맞춰진다. 그러므로 균등으로만 청약하는 경우에는 일찍 청약을 마무리하는 것도 좋은 방법이다.

하지만 비례배정에도 참여하고 싶은데 자본금이 애매하게 있는 때도 있다.

나에게 1,600만 원의 시드머니가 있다고 가정해 하자. 한 주를 배정받기 위한 비례경쟁률이 2,000:1인 청약 종목이 있다면 2,000대 1이라는 의미는 2,000주를 신청하면 1주를 배정받는다는 뜻이다.

이때 공모주 가격이 2만 원이라고 하면 2,000주×20,000원 나누기 2를 하여 2천만 원이 증거금이 필요하다. 여기서 나누기 2를 하는 이유는 청약증거금은 50%만 내고 청약을 하기 때문이다.

하지만 2천만 원을 모두 사용하지 않고 1주를 비례로 배정받을 수 있다면 꽤 괜찮지 않을까? (1주를 뺀 나머지 금액은 이틀 후 환불을 받을 수 있다.)

비례배정에는 5사 6입이라는 용어가 있다. 처음에 이 용어를 들었을 때 사사오입 개헌이 생각났는데, 비슷하다고 보면 된다. 5사 6입은 비례배정에서만 적용되는 말인데, 본인이 청약한 주식 수와 경쟁률의 비율에서 소수점이 생기는데 그때, 소수점이 5이하면 버리고 6이상 배정을 받는다는 뜻이다. 예를 들어, 비례경쟁률이 2,000대 1이면 2,000주를 넣어야 1주를 배정받지만, 위의 5사 6입을 적용하면 1,600주만 청약하고도 1주를 배정받을 수 있다는 뜻이다. 본인의 자금을 최대한 가성비 있게 사용할 수 있다. 앞에서 언급한 가족 계좌 사용과 함께 5사 6입, 최소 비례 전략을 사용한다면 공모주를 최대한 많이 배정받을 수 있다.

그리고 비례배정과 균등배정은 따로 신청하는 것이 아니다. 비례배정을 신청한다면 자동으로 균등배정까지 신청되는 것이니 착오 없기를 바란다.

실제로 청약 진행 시 몇 주를 배정받고 수익금은 얼마나 되는지 예상해 보자.

24년 상반기 공모주 기대주였던 산일전기를 참고로 한 번 살펴보면, 균등만 청약할 경우와 비례까지 청약을 진행할 경우로 나누어서 볼 수 있다.

공모가격	청약주수	증거금	균등배정주식	총 배정주식
35,000원	20주	350,000원	2.35	2주

매도가격 (400% 상승시)	균등배정주식 수익금	공모주수익	수수료	최종수익
140,000원	210,000원 (105,000원×2)	210,000원	2,000원	208,000원

산일 전기 균등청약 (미래에셋증권)

균등만 청약할 때 최소 청약인 20주에 해당하는 증거금 35만 원을 납입하고 2주를 배정받게 된다. 실제로는 35%의 확률로 3주까지 배정받을 수 있다. 2주를 배정받았고 상장일에 주가가 400%까지 상승하였을 때 매도하였다고 가정하면 수익금은 21만 원이 된다. 여기에 수수료 2천 원을 제외하면 최종 수익금은 208,000원이다.

공모가격	청약주수	증거금	비례경쟁률	균등배정주식	총 배정주식
35,000원	3,100주	54,250,000원	853.58	2.35	3.63

총 배정주식수	청약배정금액
6주	210,000원

균등에서 2~3주, 비례에서 5사6입으로
4주 배정이지만 균등은 2주로 가정함

매도가격 (400% 상승시)	균등배정주식 수익금	비례배정주식 수익금	공모주수익	수수료	최종수익
140,000원	210,000원 (105,000×2)	420,000원 (105,000×4)	630,000원	2,000원	628,000원

산일정기 비례청약 (미래에셋증권)

비례까지 청약한다고 가정해보자. 여유자금이 있어서 3,100주에 해당하는 5,425만 원을 증거금으로 청약하고 균등 청약에서 2주, 비례청약에서 4주를 배정받았다. 총 6주를 배정받았고 동일하게 상장일에 주가가 400%까지 상승하였을 때 매도하였다고 가정하면 수익금은 63만 원이 된다. 여기에 수수료 2천 원을 제외하면 최종 수익금은 628,000원이 된다.

앞에서 청약 시 실제로 몇 주를 배정받는지 산일전기라는 종목을 통해서 알아보았다.

이번에는 실제 주식 앱을 통한 청약, 배정, 매도, 수익까지 확인하는 방법을 산일전기를 예로 들어 알아보고자 한다. 공모주 주관을 많이 진행하는 미래에셋증권 앱을 예로 들어보자.

먼저, 미래에셋증권 앱에 접속한다. 좌측 하단의 메뉴를 클릭하고 우측 상단의 돋보기 모양을 클릭 후 공모주청약이라고 검색해보자. 청약이 진행되는 기간이라면 해당 종목이 확인될 것이다.

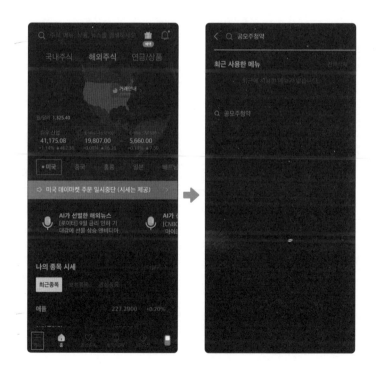

원하는 공모 종목을 선택하면 증거금부터 기관경쟁률 등을 확인할 수 있다. 청약을 종료하면 빠르면 당일이나 대부분 그 다음날에 배정 주식 수 확인이 가능하다.

친절하게 균등과 비례로 각 몇 주씩 배정되었는지 확인이 가능하며, 배정받은 주식은 상장일 오전에 입고가 완료되어 있을 것이다. 환불금은 청약 진행 시 특정 계좌로 선택하지 않으면 청약을 진행한 계좌로 입금된다. 원하는 증권사나 은행이 있으면 해당 계좌를 입력하면 환불일에 자동으로 이체가 진행된다.

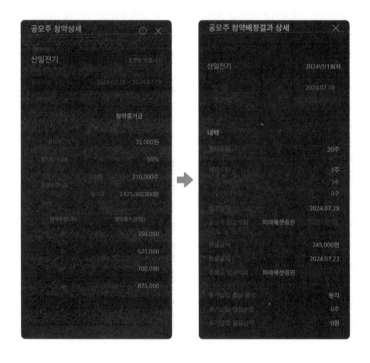

상장일에 잔고를 확인한 후, 매도를 진행하면 되는데 상장할 종목을 찾는 방법은 메뉴에서 돋보기를 클릭한 후 주식 현재가를 찾아보자. 그리고 원하는 종목을 검색하면 해당 종목을 매수, 매도할 수 있는 화면을 볼 수 있다.

9시부터 매도가 가능하기에 미리 준비하였다가 9시에 장이 시작되면 시장가로 매도를 하는 방법이 있고, 원하는 목표가를 설정하고 매도하는 방법이 있다. 공모주의 경우 상장일 가격의 변동폭이 크기에 나는 대부분 시장가로 마음 편하게 매도를 하는 편이다. 시장가로 매도를 누르게 될 경우 현재의 가격 기준으로 매도가 체결된다.

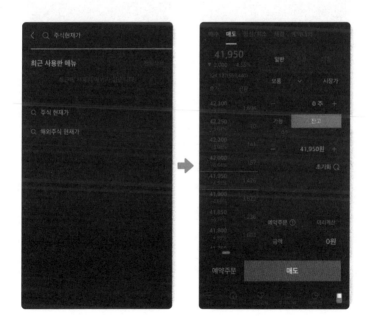

매도까지 완료하였다면, 본인이 얼마만큼의 수익을 거두었는지 궁금해진다. 나 역시 매도를 하고서는 꼭 수익을 확인한다.

확인 방법은 미래에셋증권 앱에서 다시 메뉴 돋보기를 통해 주식매매일지 버튼을 클릭한다. 그리고 본인이 확인하고 싶은 종목을 클릭하면 내가 얼마에 몇 주를 매도를 하였고, 수익률과 수수료 및 세금 등을 자세히 확인할 수 있다. 그리고 가장 중요한 최종 수익 금액 역시 확인이 가능하다.

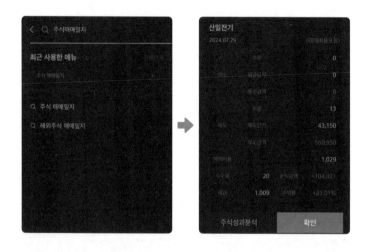

실제 증권사 앱을 통해서 청약부터 매도 및 수익금 확인까지 알아보았는데, 어렵지 않으니 청약을 직접 진행해 보면 금방 익숙해질 것이다. 그리고 증권사 앱마다 보이는 화면들은 다르겠지만 메뉴를 검색한 후 검색어를 입력하고 원하는 메뉴를 찾는 방법은 동일하다.

청약 수수료 절약하기

과거에는 청약 수수료라는 것이 없었던 시기가 있었다. 하지만 공모주가 열풍이 불면서 증권사들이 하나둘씩 청약 수수료라는 제도를 만들었다. 청약 수수료라는 것은 공모주 청약을 할 때 증권사에 일정 부분 수수료를 내는 것이다. 청약 수수료는 공모주 청약을 배정받게 되면 증권사에 지급한다.

아직도 청약 수수료를 받지 않는 곳이 있지만, 이제는 대부분의 증권사가 청약 수수료를 받고 있다. 다만, 공모주 청약을 하였지만, 주식을 배정받지 못하면 청약 수수료는 발생하지 않는다. 증권사별 청약 수수료는 약간씩 다르다.

대부분의 증권사가 청약 수수료로 2천 원을 받고 있다고 보면 된다. 수수료라고 해봐야 기껏 2천 원 정도이긴 하지만, 5개의 다수

증권사	수수료	증권사	수수료
한양증권	0원	교보증권	1,000원
KB증권	1,500원	IBK투자증권	1,500원
유진투자증권	2,000원	신한금융투자	2,000원
키움증권	2,000원	대신증권	2,000원
미래에셋증권	2,000원	NH투자증권	2,000원
한국투자	2,000원	삼성증권	2,000원
신영증권	2,000원	SK증권	2,000원
하나증권	2,000원	한화투자증권	2,000원
LS증권	2,000원	유안타증권	3,000원

청약 수수료 2024년 기준

계좌로 청약한다고 가정해 보면 한 번 청약 시 2천 원 × 5 = 1만 원이다. 1년에 100여 개의 청약을 참여한다고 가정하면 수수료로만 100만 원이 나가는 것이다. 이제는 생각보다 많이 나간다고 느껴질 것이다. 그렇다면 수수료를 조금이라도 줄이는 방법을 찾아보도록 하자. 모든 증권사가 청약 수수료에 대한 우대, 즉 면제를 해주지는 않지만, 일부 증권사에서는 가능하니까 일부 증권사라도 수수료 면제를 진행해서 공모주 수익률을 높여보자. 먼저 미래에셋증권에서 가능한 방법을 보자.

등급에 따라 수수료 면제 여부가 나뉘는데 Silver 이상 등급이면 면제를 받을 수 있다. 더 높은 등급으로 굳이 진행할 필요는 없으니

딱 Silver에 맞는 등급만 맞춰보자. Silver 등급을 맞추는 조건은 간단하다. 직전 3개월 평잔 또는 전월 말일 잔액이 3천만 원이면 Silver 등급이 가능하다는 것이다.

예를 들어 1월 30일에 미래에셋증권 계좌에 3천만 원을 예치해 놓고 2월 1일에 인출해도 Silver 등급이 맞춰진다는 것이다. 이렇게 상향된 등급은 6개월간이나 유지된다. 3천만 원을 하루만 예치해 놓고 6개월간 Silver 등급을 유지할 수 있으니 하지 않을 이유가 전혀 없다. 미래에셋증권에서 본인의 등급을 Silver 등급으로 맞춘 후, 가족들까지 모두 Silver 등급으로 상향할 수 있다.

방법은 가족 합산 등급이라는 제도를 이용하는 것이다. 가족 합산의 범위는 본인과 배우자 그리고 부모, 조부모, 자녀, 손자녀들까지 가능하다. 다수의 계좌를 활용하여 청약하는 경우 가족 합산 등급으로 모두 청약 수수료가 면제될 수 있다. 그렇다면 어떻게 해야 할까? 일부 서류를 가지고 미래에셋증권에 방문하면 된다. 그 일부 서류는 가족 대표 신분증, 신청자 신분증, 가족관계증명서(주민등록번호 뒷자리 표기), 그리고 가족 고객의 거래인감(인감을 가지고 가지 않아도 통화로 등록할 수 있지만, 꼭 통화 연결이 되어서 가족관계등록에 대해서 동의를 해야 함)이다. 서류를 가지고 방문하여 가족 합산 등급 신청을 한다고 하면 일부 서류 작성 후 바로 신청이 완료된다.

해당 등급의 반영은 다음 달 2일에 완료된다. 주의할 점은 6개월이 지나면 다시 등급이 내려가기에 등급 반영 후 5개월 뒤 말일에 3천만 원을 하루 이체해 두는 것을 잊지 말자.

KB증권의 경우도 가족 합산이 가능하다. KB증권의 경우 스타클럽이라는 등급 제도가 있는데, KB금융그룹의 모든 실적을 합산하여 베스트 등급 이상이면 가능하다. 프리미엄 등급은 KB 평점 500점이면 된다. 급여 이체 등 몇 가지 조건만 맞추면 베스트 등급이 가능하며 가족 간 점수가 합산되기에 굉장히 유용하게 사용할 수 있다. KB스타클럽 베스트 등급 신청을 위해서는 KB국민은행이나 KB증권을 방문하면 된다. 필요 서류는 신분증, 가족관계증명서이지만 지점마다 요구하는 조건이 일부 상이할 수 있으니 방문 전 확인을 해보는 것이 좋다. KB의 스타클럽 역시 등급이 한 번 산정되면 6개월간 해당 등급이 유지가 되며, 산정기준은 매월 말일을 기준으로 3개월간의 거래실적에 따른다. 등급 변동은 신청 다음 달 10일에 반영이 된다.

이외에도 NH투자증권의 경우는 멤버십 혜택으로 공모주 청약 수수료 면제 조건이 있다. 멤버십은 나무멤버스 가입이며 월정액 이용료 2,900원을 지급해야 한다. NH투자증권이 주관사로 참여하는 공모주가 해당 월에 2건 이상이면 이익이지만 그렇지 않다면 가입하지 않는 것이 좋다. 한국투자증권의 경우 프라임 등급부터 청약 수수료가 면제되는데 조건은 이러하다.

IRP 계좌를 가입 후 1원 이상 예치하거나 퇴직연금을 한국투자증권으로 이용하면 된다. 이외에 여러 증권사가 우대조건을 내세워 청약 수수료 면제를 해주고 있지만, 대부분의 증권사 조건이 평잔 수천만 원씩이기에 쉬운 조건은 아니라서 따로 추천은 하지 않는다.

상장 후 매도까지 반복되는
42.195km 달리기

공모주를 신청 및 배정받고, 상장 후 매도까지 챙겨야 할 일정이 많다. 공모주 슈퍼위크라고 불리는 청약 종목들이 많은 경우에는 한 주에 5~6개 종목이 청약과 상장을 동시에 하는 때도 있다. 청약 이틀 후 환급, 상장, 매도, 매도금 회수 그리고 다시 청약부터 매도까지 이런 식의 일정을 반복해서 해야 하기에 일정이 많이 헷갈리기도 하고 정신이 없다. 공모주를 꾸준히 지속해서 하려는 이들에게는 꾸준함이 필요하다.

공모주 자체가 매도는 금방 되지만 이어지는 일정들이 계속 있으며 이런 일정들을 잊지 않고 챙기는 것이 중요하다. 과거에는 일부 웹사이트들을 통해서 공모주 일정에 관해서 확인하고 주요 정보는 또 다른 곳에서 얻는 등 일부 불편함이 있었지만, 최근에는 공모주에 대한 소스가 워낙 다양해져서 카카오 증권, 토스 증권 등 여러 대기업의 앱에서도 공모주에 대한 정보(주요 정보 및 상장일)들이 나와 있다.

공모주를 하면서 추천하는 앱은 피너츠 공모주이다. 청약 일정에 대해서 캘린더로 표현이 잘 되어있고 그 세부 일정으로 들어가면 종목별 자세한 정보가 나와 있어서 여러 앱보다 사용 만족도가 굉장히 높다. 다양한 앱이 있으므로 본인에게 맞는 앱을 사용해서 반복되는 공모주 일정을 놓치지 않고 꾸준한 수익 실현으로 이어나갈 수 있다.

청약에도 골든타임이 있다

공모주 청약은 대부분 이틀간 이루어지며 시간은 10시부터 4시까지이다. 간혹 전산 장애로 시간이 연장되는 것을 제외하고는 말이다. 사람마다 성향이 다르겠지만 청약하는 좋은 시간이 있을까? 나는 그런 황금시간대가 있다고 생각한다. 결론부터 말하자면 청약 이틀째 3~4시이다.

첫날의 경우에는 청약경쟁률이 의미가 없을 정도로 낮게 나온다. 그렇기에 비례까지 청약한다는 가정이면 청약 이틀째 오후 3~4시 사이에 하는 것이 좋다. 이 시간대에는 본인이 비례청약금으로 몇 주나 배정을 받을 수 있을지 어느 정도 확정이 되는 시간이라고 보면 된다.

그런 정보들은 어디서 확인이 가능한가? 증권사에서 제공하는 비례경쟁률을 본인의 청약주식 수로 나누면 배정받을 주식 수가 나온다고 보면 된다. 예를 들어 경쟁률이 2,000:1이고 본인이 1,200주를 청약한다고 하면, 1200/2000=0.6으로 균등배정과는 별도로 비례로 1주를 배정받을 수 있게 된다.

이는 앞에서 언급한 5사 6입이라는 제도 때문에 경쟁률이 2,000:1이어도 2,000주까지 청약하지 않고 1주를 배정받게 되는 것이다. 1,200주보다 낮게 청약을 하면 1주를 배정받지 못한다고 보면 된다.

모든 증권사가 동일한 정책을 시행하지는 않고 있지만, 대부분의 증권사가 이 정책을 시행한다고 보면 된다. 균등 청약의 경우에도 주관사가 여러 증권사일 경우 경쟁률이 다를 때도 있기에 경쟁률이 낮은 증권사에 청약하면 1주라도 배정받을 확률이 높아지게 된다.

아직 공모주 청약에 익숙하지 않은 분들은 몇 번 정도는 첫날에 청약을 해보고 이상이 없다고 생각이 되면 청약을 취소 후 이틀째 3~4시에 다시 청약을 넣으면 된다. 공모주 청약은 한 번 넣었다고 해서 취소가 불가한 것이 아니라 얼마든지 본인이 취소 후 다시 청약을 진행할 수 있다.

언제 파는 것이 최선인가?

배정받은 나름 소중한 공모주들을 그렇다면 언제 팔아야 하는가? 주식에 대해서 잘 모르고 주식 자체도 처음 해보는 사람들의 경우 매도 시점이 고민될 수 있다. 매도 시점을 알려준다고 하는 사람이 있다면 믿고 거르자. 주식은 신의 영역이라고들 하지 않는가. 공모주 역시 주식이다. 단지 새로운 시장에 입성하는 게 다를 뿐이다. 그렇기에 매도 시점에 대해서는 본인만의 원칙을 세우는 것이 좋다.

나의 경우는 특수한 경우 및 대형주들을 제외하고는 9시부터 9시 30분까지 매도를 기본 원칙으로 한다. 그리고 두 번째 원칙은 목표가에 도달하면 매도한다. 이 두 가지 조건 중 하나라도 충족하면 바로 매도하는 것이 내 원칙이다. 배정받은 주식 수가 많다면 수익률에 따라서 수익금이 많이 달라지겠지만 처음에는 1개의 계좌로만 진행을 많이들 하기에 수익금 자체가 그렇게 크게 차이가 나지는 않을 것이다. 오히려 일찍 매도하고 잊어버리는 것이 정신건강에 좋다. 가능하면 시장가 매도보다는 지정가 매도를 추천한다.

공모주의 경우 상장일 당일은 테마주같이 순식간에 등락폭이 매우 크게 요동친다. 내가 팔려는 가격은 이쯤에서 보고 시장가를 눌렀는데 매도 체결 가격은 한참 밑인 경우들이 발생할 수 있다. 그렇기에 어느 정도 한 두 개 호가 아래의 금액에 매도를 걸어두면 안전하게 매도하여 수익을 챙길 수 있다.

공모주 청약 형제의 둘째, 실권주 청약

공모주 청약에는 일반 공모주도 있지만, 실권주도 있다. 실권주를 처음 들어본 이들도 있을 것이다. 실권주란 기존에 상장된 회사가 주주들에게 유상증자를 시행 후 주주들이 모두 유상증자에 참여하지 않았거나 배정 후 일부 남는 주식을, 일반인들을 대상으로 청약을 시행하는 것이다. 여기서 기존 주주들에게 청약을 시행한다는 점이 중요한데, 만약 회사의 미래가치나 현재 상황이 좋다면 이런 유상증자에 기존 주주들은 모두 참여할 것이다. 하지만 대규모 실권주가 발생하였다면 기존에 해당 회사의 주식을 보유하고 있던 주주들마저도 회사의 미래가치를 밝게 내다보지 않는 것이기에 청약에 주의를 기울여야 한다.

또한, 해당 회사가 유상증자를 시행한 목적을 한 번쯤 찾아보고 참여하는 것이 좋다. 유상증자란 회사가 주주들을 상대로 돈을 빌린다고 생각하면 편하다. 돈을 왜 빌리는지 알면 현재 회사의 상황이 어느 정도 보인다. 단순히 채무상환, 즉 빚을 갚기 위해서 유상증자한다면 밝은 미래가 보인다고 할 수 없다. 시설투자 및 유망한 회사 인수·합병 등 회사의 미래가치를 키우는 유상증자라면 좋은 상황으로 판단할 수 있다.

그러면 실권주를 무조건 참여하면 안 되는가? 꼭 그렇지만은 않다. 실권주의 경우 현재 가격보다 30% 이상 저렴한 가격에 청약할 수 있다는 장점이 있다. 반대로 단점은 해당 종목은 이미 상장된 종목이기에 주가의 흐름이 상장일까지 계속 변동된다는 것이다. 그러면 어떻게 실권주 청약에 참여할 수 있을까? 공모주 청약과 일정 및 환불일이 2일 소요된다는 점 등은 동일하다. 다만, 실권주는 균등배정방식이 없으며, 비례배정방식의 형태로 진행되기에 자본금이 어느 정도 있어야 참여 및 배정을 받을 수 있다. 그리고 공모주와 또 한가지 다른 점이 있다.

공모주는 배정받은 물량을 상장일 당일에 매도를 할 수 있지만 실권주는 배정받은 물량을 상장일 이틀 전부터 매도할 수 있다. 아직 상장도 하지 않았는데 어떻게 주식을 팔 수 있을까? 바로 권리공매도를 통해서 말이다. 내가 가지고 있는 권리를 미리 행사하는 것이라고 보면 된다. 이렇게 상장일 이틀 전에 매도가 가능하기에 다수의 실권주가 권리공매도 가능한 날에 크게 하락하는 경향이 있다. 대부분의 사람이 권리공매도를 통해서 배정받은 실권주를 매도

하기 때문이다. 실권주는 지지 않는 게임의 공모주와는 다르게 실패할 확률도 제법 높다.

나 역시 실권주를 여러 번 참여하였지만, 수익 면에서는 공모주 수익률 대비 현저히 낮다. 이런 리스크를 감내할 자신이 있다면 참여해도 좋지만, 공모주를 참여하는 이유가 적은 리스크로 수익을 내는 것이 목표이기에 실권주 참여시에는 주의를 기울이는 것이 좋다.

공모주 청약 형제의 셋째, 스펙 청약

공모주 청약에는 일반종목들을 상장하는 경우가 대부분이지만, 일부 스펙 종목들이 있다. 스펙이 어떤 것인가 하고 나도 처음에는 모르는 부분이라 참여 자체를 하지 않다가 한두 번 참여해 보니 일반 공모주와 방법 면에서는 똑같기에, 이 역시 꾸준히 참여하고 있다. 스펙에 대해서 알아보자.

스펙은 A라는 가상의 회사가 다른 기업과 합병하여 주식시장에 우회 상장하도록 만든 것이다. 그렇기에 A라는 회사는 어떤 회사를 인수·합병 진행할지 청약 진행 시점에는 알 수가 없으며 언제 인수·합병하여 주식시장에 상장할지도 알 수가 없다. 그렇기에 스펙 청약은 어떻게 보면 럭키박스를 사는 것과 비슷하다고 볼 수 있다. 해당 스펙이 상장에 실패할 시 원금과 소정의 이자를 돌려준다고 되어있다. 여기서 소정의 이자는 거의 미비하기에 원금만 돌려받는다고 생각하면 된다.

과거의 경우에는 스펙의 상장일 상승률이 높지 않아서 청약 수수료보다도 수익이 나지 않았던 경우가 많아서 스펙을 참여하지 않았었다. 하지만 최근에는 스펙 역시 공모주의 열풍에 같이 동참하여 균등배정을 신청해도 과거와 달리 10주 미만으로 배정이 되고는 한다. 10주만 배정받더라도 평균 청약 수수료 2천 원 이상 수익을 내고 있다.

앞에서 언급한 것처럼 공모주 역시 가족들의 계좌까지 모두 사용하여 청약에 참여한다면 수익은 더욱 높아질 것이다. 하지만 스펙 청약의 경우 분위기가 좋지 않을 때는 청약을 하지 않는 것이 좋다. 일반 공모주 분위기보다 스펙 청약의 분위기는 더 자주 바뀌기에 주의해서 청약에 임하자.

월세만큼 벌지만, 관리는 편한 공모주

가끔 뉴스를 보면 분양사기를 당하신 안타까운 이야기들이 나오곤 한다. 사기 피해자 대부분은 중년층 이상으로, 사기에 휩쓸린 이유는 노후에 편안하게 월세를 받고 싶으셨다는 이야기가 대다수이다. 요즘 학생들의 희망 직업란에도 건물주가 있지 않은가. 그만큼 임차인이 지급하는 월세는 굉장히 달콤하고 매력적으로 보이기에 충분하다. 월세가 좋아 보이는 것임에는 분명하지만, 어떠한 리스크도 없다고 생각하면 잘못된 생각이다.

일단 대부분의 임대 물건이 제일 무난한 아파트라고 가정해 보자. 먼저, 임차인을 구하는데 신경이 쓰인다. 주위 시세보다 낮게 내놓으면 비교적 이른 시간에 나가겠지만 그렇지 않다면 경쟁 시장에서 본인의 집이 나가기만을 하염없이 기다리고 있어야 한다. 그렇게 집을 보러 오는 사람이 생기면 임차인과 신경전을 벌이게 된다. 임차 가격에 대한 협상, 집 안의 수리 여부 및 중개사의 도움을 받는다고 하여도 신경이 쓰인다. 집이 임차되었다고 끝이 아니다. 집에 문제가 생기면 임대인에게 이것저것 수리 요청이 발생한다. 가장 최악은 임차인이 임차료 지급을 미루는 것이다.

이외에도 여러 가지 상황들을 맞이할 수 있다. 누구나 희망하는 월세를 받는 것이 생각보다 만만치 않다는 것을 보여주기 위한 일부 사례일 뿐이다. 반면에 월세와 비슷한 수익금을 안겨주는 공모주는 어떠한가. 본인이 청약할 잠깐의 시간만 있다면 시간과 장소에 구애받지 않고 편하게 할 수 있다.

임차인이나 중개사 같은 사람들을 상대하지 않기에 대인기피 경향이 있는 사람들도 얼마든지 편하게 할 수 있다. 그리고 가장 중요한 월세가 밀릴 이유가 없다. 매도 후 이틀 뒤에 인출이 가능하기에 쉽게 출금할 수 있다. 월세만큼 수익을 주고 관리는 편한 공모주인데 안 할 이유가 없지 않은가?

가정 주부도, 실버 세대도
참여할 수 있어요

가끔 길을 걷다 보면 전봇대에 "월급XX보장" 이런 문구들의 전단지를 보게 된다. 또는 집에서 편하게 할 수 있는 부업이라는 내용이 스팸 문자의 형태로 오기도 하고 사람들의 돈을 벌고 싶은 욕구들을 자극해서 유인한다. 알다시피 대부분 홍보와는 다른 내용이거나 사기로 이어지는 경우들도 제법 있다.

육아와 살림으로 바쁜 주부들의 경우 아르바이트나 다른 일을 할 시간이 제한적이기에 재택 아르바이트와 같은 광고에 현혹되기가 쉽다. 알 수 없는 불법 광고보다 공모주 청약은 오히려 좋은 부업의 하나가 아닐까 한다. 균등 청약에 참여할 약간의 돈만 있어도 참여할 수 있고 시간과 장소에 크게 구애받지 않으니, 안성맞춤이다. 나는 너무 바빠서 불가능하다는 사람이 있다면 이렇게 말하고 싶다. 화장실은 갈 거니까 그때라도 하시면 된다고. 청약에 참여하는 데 5분도 걸리지 않는다고 말이다.

공모주 청약을 처음 접하고 주식을 해본 적이 없는 사람들은 공모주에 대해서 접근이 어렵다고만 생각한다. 좀 더 솔직하게 돈은 벌고 싶지만, 귀찮은 것은 아닌지 묻고 싶다.

나의 아버지는 일흔이 넘으셨고 스마트폰 사용법이 어려워 매번 기능을 물어보신다. 그런데 공모주를 참여하시고 수익을 낸 후 그걸 자랑스레 인증하시는 것을 보면 나이는 숫자에 불과하다는 생각을 하게 된다.

물론, 아버지의 경우에는 내가 직접 계좌를 만드는 방법을 설명해 드리고 옆에서 도와드리긴 했지만, 공모주 실전에 참여하시는 것은 아버지의 몫이고 지금도 꾸준히 참여하고 계시며 연말이 되면 모인 수익금으로 기분을 내시곤 한다. 일흔이 넘으셨어도 스마트폰만 가지고 있다면 이렇게 참여할 수 있는 것처럼 나이나 다른 기타 환경 때문에 어렵다는 생각을 하지 말자.

시작하지도 않으면 아무 일도 일어나지 않으며, 변화를 꾀하지 않는데 바뀌기를 바라는 것은 불가능한 일이다.

공모주도 만능은 아니다

공모주에 대한 장점들에 대해서는 앞에서 많이 살펴보았다. 이렇게 장점들만 있는 속칭 만능 금융상품이 있다는 것이 말이 되는가 싶을 정도이다. 하지만 공모주에도 단점이 있다. 역설적이게도 많은 주식을 배정받는 것이다. 아니 이게 무슨 말인가?

앞에서는 공모주를 청약해도 몇 주 배정받지 못한다고 하지 않았나? 그런데 갑자기 배정을 많이 받아서 문제라니? 답은 여기에 있다. 일반적인 공모주 청약의 경우 균등 기준으로 1~2주를 배정받게 된다. 요즘같이 공모주 참여율이 높은 경우에는 1주마저도 추첨으로 진행되는 종목들도 생겨난다. 이는 기관경쟁률을 근거로 일반청약 참가자들의 경쟁률이 높을 때의 이야기이고 경쟁률이 낮다면 배정받을 수 있는 주식의 수는 많아지게 된다.

과거에 청약으로 주식 배정을 많이 받으면 무조건 수익이 늘어나지 않겠냐는 안일한 생각으로 경쟁률이 낮은 종목에 큰 금액을 투입하여 주식 배정을 많이 받은 경험이 있다. 무조건 상승할 거라는 장밋빛 미래만 생각하고 청약에 참여했다. 결과는 어땠을까? 상장일에 기대와는 다르게 공모가 아래에서 시작한 주가는 온종일 오를 기미가 보이지 않았고 결국 나는 수십만 원의 손실과 함께 전량 매도를 하게 되었다.

이때 얻은 교훈이 공모주를 참여할 때는 꼭 경쟁률을 살피고 참여하자는 것이다. 바빠서 시간이 없다면 기관 수요예측을 보고 공모주 청약 첫날에 균등만 참여하여 리스크를 줄이는 것도 좋은 방법이다. 공모주 수익금이 몇만 원일 때가 많은데 수십만 원을 손해 본다면 너무 억울할뿐더러 공모주에 참여하고 싶은 의욕이 꺾이기 때문이다.

공모주로 단타는 금물이다

친구 중의 한 명에게 공모주에 관해서 설명해 주니 곧잘 참여해서 수익을 내기 시작하였다. 그런 친구가 공모주를 몇 번 참여 하다 보니 공모주 상장일 등락폭이 다른 종목들에 비해서 월등히 크다는 것을 유심히 지켜보다가 소위 말하는 단타를 한다고 했다.

그 이야기를 듣고 공모주는 알다시피 등락폭이 크기에 잘못하면 큰 손실을 볼 수 있다고 조언해 주었지만 이미 그 지인의 머릿속에는 단타로 높은 수익을 그리고 있었다. 공모주 배정이 몇 주 되지 않기에 수익률은 높아도 절대 수익금이 적기에 그 친구는 적지 않은 자본금으로 공모주 상장일에 단타를 하기 시작했다.

처음에 몇 번은 운이 좋았는지 공모주를 배정받아서 매도하는 수익금과는 비교할 수 없는 큰 수익금을 얻었지만, 시간이 지나면서 한 번, 두 번 큰 손실을 보고 나서야 공모주 상장일에 단타는 금물이라는 것을 깨달았다. 공모주를 시작할 때 배정된 공모주에 대한 매도만을 목표로 삼았다면 이런 일이 일어나지 않았겠지만, 사람의 욕심이라는 것이 한도 끝도 없기에 본인 자신을 잘 조절해야 한다. 나 역시 과거 공모주 상장일에 단타로 매도하여 하루 만에 수십 %의 수익을 올린 경험도 있지만, 친구와 동일하게 한 번, 두 번 실패하다 보니 공모주만 매도하겠다는 나만의 철칙을 다시금 세우게 되었다. 공모주 상장일에 등락폭이 크기도 하지만 왜 단타를 하면 안 되는지 생각해 보면 답은 쉽게 나온다.

일단, 구주주가 탈출할 수도 있거니와 상장일은 해당 종목으로 관심이 많이 쏠리기에 수급*이 다른 종목에 비해서 높다. 그렇기에 주가가 오르는가 싶어도 금방 떨어지고, 떨어지는가 싶다가도 금방 다시 올라가기에 공모주 단타는 추천하고 싶지 않다. 공모주로 단타를 하다가 손해를 본 친구가 유통 비율(전체 주식에서 얼마나 거래할 수 있는지 알 수 있는 비율)을 기준으로 거래하면 되지 않겠냐고 했지만, 말했듯이 주식 회전율*이 높기에 이런 유통 비율도 크게 의미를 부여할 필요가 없다.

수급 : 주식 매수와 매도를 합쳐서 이르는 말로써 주식 매수세를 의미

주식 회전율 : 발생 주식 수 대비 거래량을 나타내는 수치로 얼마나 빈번하게 거래되었는지 알 수 있는 지표

공모주 청약도 귀찮은 사람들에게

공모주라는 것이 수익률이 높고 리스크는 적다는 것을 이제는 알게 되었을 것이다. 그런데 공모주 청약에 매번 참여하고 돈을 인출하고 이것들을 귀찮아하는 사람들도 있지 않을까? 그런 사람들은 어떤 방법을 사용하면 좋을까? 그것은 공모주 펀드를 이용하는 방법이 있긴 하다. 공모주 펀드는 채권과 공모주에 자금을 배분해서 투자하는 상품이다. 정식 명칭은 공모주 하이일드 펀드이고 국내 채권을 60% 이상 보유해야 하기에 공모주로만 수익률을 내겠다는 사람들에게는 다소 수익률이 적어 보일 수는 있으나 조금 더 안정적으로 운용하고 매번 청약에 참여할 시간이 없다는 사람들에게는 대안이 될 수 있지 않을까 싶다.

이 펀드의 장점은 코스피 공모주의 경우는 5%, 코스닥 공모주의 경우는 10%까지 공모주 우선 배정의 특혜가 있다. 그리고 절세 혜택이라는 장점도 있다. 종합소득세 대상자인 2,000만 원 초과의 수익이 있는 사람들에게는 수익금의 3,000만 원까지는 15.4%의 분리과세를 적용한다. 그렇기에 한동안 인기가 제법 있었다. 현재 24년까지 가입자에게만 분리과세가 해당하지만, 정책들이 어떻게 변할지는 모르기에 지켜볼 만하다.

하지만 단점들도 있다. 일단 펀드이기에 운용 수수료가 있다. 수수료가 크지는 않지만, 펀드를 해본 사람들은 수수료가 시간이 지날수록 커진다는 것을 느껴봤을 것이다. 그리고 모든 하이일드 펀드가 공모주 우선 배정은 아니기에 투자 설명서를 꼼꼼하게 읽어보고 투자하는 것이 좋다. 또 투자 후 1년은 유지해야 한다는 시간적 제약이 있다.

비례청약 후 남은 증거금 활용하기

여윳돈이 있는 사람들은 비례청약까지 넣는 모습을 자주 보는데, 비례청약을 하고 보통 이틀 후 환불금을 받는다(목요일이나 금요일에 청약 마감일이면 총 4일 후 환급). 받은 환불금은 다시 또 다른 공모주에 투입되게 되는데, 이 사이 기간에 환불금을 최대의 효율로 활용하는 것이 좋다. 그럼 어떻게 활용하는 것이 가장 좋을까?

사람마다 각자의 활용하는 방법이 다르겠지만 경험상 파킹통장이나 증권사 CMA에 넣어두는 것이 가장 효율적이다. 다만, 파킹통장은 은행을 통해서 예치하는 것이라 예금자 보호가 되지만, 증권사 CMA는 예금자 보호 대상이 아니다. 하지만 CMA 자체가 국공채나 지방채 등 안전한 자산에만 투자하기에 손실의 위험이 적지만 그래도 마음이 불편하다면 금융권의 파킹통장을 이용하는 것을 추천한다. 이율이 높은 곳을 위주로 검색하고 예치하는 것이 좋다.

대부분 검색창에 증권사 CMA 금리를 검색하면 파킹통장 금리 및 예금, 적금 금리까지 한눈에 보인다. 여기서 본인이 원하는 곳에 다 예치하면 된다. 이렇게 돈을 쉬지 않고 굴리면 여윳돈으로 비례청약하여 다른 사람보다 공모주 수익도 더 발생하고 청약 일정이 없는 기간에는 파킹통장이나 CMA를 통한 추가 소득도 얻을 수 있기에 추천할 만하다.

공모주 수익금을 연봉으로 계산하기

지인 중 한 명이 월급 이외의 수익을 원한다고 토로한 적이 있었다. 평소 재테크에 관심이 없던 지인이었지만 중소기업에 재직하며 외벌이로 두 아이를 양육하느라 형편이 좋지 못함을 알았기에, 나는 주저 없이 다른 것보다 일단 공모주라도 먼저 해보라고 추천했다. 지인은 공모주로 한 달에 어느 정도 수익이 가능하냐고 되물었고, 그거야 하기 나름이지만 가족 계좌까지 활용하면 수도권 오피스텔 월세 이상은 가능할 수 있다고 말해주었다.

지인이 말하길 "그럼 한 50만 원 정도는 고정으로 버는 거야?"라고 물어보았고, 하기 나름이라 50만 원 이상도 가능하다고 말해주었다. 그런데 지인의 표정을 보니 겨우 50만 원?이라는 표정을 지었다. 사람들이 쉽게 간과하는 부분이 있다. 50만 원을 고정으로 받으려면 예금을 얼마나 넣어야 할지 계산을 해본 사람이 얼마나 될까? 매월 50만 원이면 1년이면 600만 원이고, 3% 예금 금리라고 가정해 보면 2억의 예금을 넣어두어야 한다. 물론 이자에 대한 세금은 계산하지도 않았다. 2억의 현금흐름과 동일하다고 볼 수 있는 매월 50만 원의 수익을 그렇게 시시하게 바라보는 시각을 가지고 있는 지인이기에 더 이상의 조언은 무의미하다고 느꼈다.

다른 한방의 큰 수익을 그것도 아무 노력 없이 얻으려는 사람들을 보면 조금은 안쓰럽기도 하다. 아무리 자동화 수익이라고 하는 부분도 사람의 손이 필요하고, 그런 것도 필요없는 자동화 수익이라고 누군가 추천한다면 100이면 100 모두 사기라고 나는 확신한다. 하물며 무인 아이스크림 가게라도 아이스크림을 수시로 채워 넣어야 하지 않는가.

내 머릿속의 지우개, 공모주 참가 기록표 만들기

공모주를 배정받고 매도 후 이익을 거두기까지 많은 과정을 학습했다. 실전에서 첫 공모주를 매도 후 이익 실현을 거뒀다면 여기서 멈추지 말고 본인만의 공모주 일기장을 써보면 어떨까 한다. 일기장이라고 하면 초등학교 때나 쓰던 것으로 생각할지 모르겠지만, 주식의 대가들은 본인들의 주식 매매에 대한 복기를 위해서 꼭 기록을 남겨둔다. 우리가 주식의 대가는 아니지만 공모주의 대가가 되기 위해서는 본인만의 일기장을 쓰는 것을 추천한다.

그러면 어떤 방식으로 일기장을 쓰는 것이 좋을까? 나 역시 처음에는 방대한 내용으로 많은 데이터를 기재하다 보니 시간이 지남에 따라서 생략하는 경우들이 생겨났다. 그렇기에 공모주 일기장은 최소한 필요한 데이터만을 기재한다는 생각으로 작성해 보자.

다음 표는 내가 작성한 공모주 일기장 샘플이다. 참고해도 좋고, 본인만의 일기장 양식을 만들어도 좋다. 이런 일기장을 쓰는 이유는 추후 본인의 수익금을 계산하기도 편할뿐더러 하루만 시간이 지나도 몇 주를 얼마에 매도했고 얼마만큼의 수익이 발생했는지 모두 잊어버리기 때문이다. 그리고 경쟁률 등의 데이터들은 추후 본인이 공모주 청약을 진행할 시 데이터로 활용해도 좋다.

기록함으로써 월, 분기, 년의 공모 성적에 대해서도 복기할 수 있다. 양식은 똑같이 하지 않아도 된다. 본인만의 스타일로 수정해서 사용하도록 하자.

공모일정	종목명	확정공모가	상장일	기관경쟁률	일반경쟁률	주관사	배정주	매매가	수익률	수수료	실현손익
04.25~04.26	HD현대마린솔루션										
05.07~05.08	아이씨티케이										
05.07~05.08	KB스펙28호										
05.13~05.14	노브랜드										
05.20~05.21	미래에셋비전스펙4호										
06.03~06.04	그리즈위드										
06.05~06.07	라메디텍										
06.05~06.07	디비금융스팩 12호										
06.10~06.11	한중엔시에스										
06.10~06.11	씨어스테크놀로지										
06.10~06.11	미래에셋비전스펙5호										
06.10~06.11	한국스펙14호										
06.11~06.12	KB스팩 29호										
06.11~06.12	에이치엠씨아이비스팩7호										
06.13~06.14	미래에셋비전스팩6호										
06.14~06.17	에스오예스랩										
06.17~06.18	한국 스팩 15호										

쩐의 전쟁, 증거금의 활용도 높이기

공모주 청약을 진행하다 보면 청약증거금이 부족한 경우가 많이 있다. 균등 청약만 하기에는 아쉽고 계좌도 여러 개를 만들 수 없는 상황이라 본인 계좌로만 청약을 진행해야 하는 상황이 있는 것이다. 최근의 일반 공모주에서 10,000원에서 20,000원 사이로 공모가가 형성된 주식 1주를 비례청약을 통해서 배정받기 위해서는 2천만 원 이상이 필요한 경우도 부지기수다.

과거와 비교하면 공모주 시장에 참가하는 인원들과 자본이 많이 늘었다는 소리이다. 청약을 참여하다 보면 시드머니가 부족하지만, 꼭 비례청약까지 참여하고 싶은 종목들이 나오기 마련이다. 그러면 어떻게 부족한 시드머니를 채울 수 있을까? 레버리지를 이용하여 부족한 시드머니를 채우는 방법이 있다. 레버리지라니? 주식에서 레버리지를 사용하라는 말인가? 라고 반문할 수 있겠지만 여기에서 레버리지는 일반 주식시장에서 사용하는 용어와는 조금 상이하다.

앞에서 설명했듯이 공모주 청약은 청약 마감일 이후 이틀 후에 환불금을 돌려주는데 그 이틀 동안만 부족한 시드머니를 보충하는 것이다. 그러면 어떤 레버리지가 있는지 한 번 살펴보자.

현금이다.

가장 안정적이면서도 당장 필요한 시점에 언제든지 사용할 수 있기에 가장 든 든한 우군이다. 하지만 수중에 현금을 많이 보유하고 청약을 하는 사람들은 제 한적이기에 많이 활용하기는 어렵다.

신용대출이 있다.

이자율이 마이너스 통장보다 낮을뿐더러 저금리 시대에 미리 신용대출을 받아 놓고 사용처를 이리저리 궁리하고 있다면 일단 공모주에 참여시키도록 하자. 누누이 말하지만, 돈이라는 녀석은 게으르기에 놀게 두면 계속 쉬려고만 하니 까 계속 일을 시켜보자.

마이너스 통장이 있다.

현실적으로 가장 편하게 공모주 청약에 활용할 수 있는 좌청룡 우백호 같은 친 구다. 공모주 특성상 이틀 정도만 사용하고 다시 갚아야 하기에 짧은 기간의 이 자 비용만 지급하며 다시 갚을 수 있는 마이너스 통장을 추천한다. 신용대출과 마이너스 통장을 고르라면 당연히 마이너스 통장을 선택해야 한다. 정부에서 대출 규제를 강화한다는 소식과 함께 대출에 대한 한도 축소 및 이자율 상승이 되었다. 이때 정부의 발표와 함께 많은 사람이 마이너스 통장을 개설했다. 만약 아직 없다면 당장 은행으로 달려가도록 하자. 마이너스 통장을 만들어 본 사람은 알겠지만, 전문직이 아니라면 생각보다 한도가 낮을뿐더러 금리도 높은 편이다. 마이너스 통장을 만드는 팁을 하나 드리자면, 먼저 1금융권에서 마이너스 통장을 만들도록 하자. 그러고 나서 카카오뱅크나 토스뱅크 K뱅크 등의 인터넷 은행을 통해서 추가로 개설하도록 하자. 내 경험상 인터넷 은행을 먼저 개설하면 1금융권의 대출 한도가 줄어들거나 막히게 된다. 그렇기에 1금융권의 마이너스 통장을 먼저 만들자.

보험 담보 대출도 있다.

대부분 보험 하나쯤은 들어 놓았을 것이다. 그것이 연금보험이든 어떤 보험이든지 가능하다. 해당 보험사에 직접 문의하여도 되고 요즘은 앱으로 금액 및 이율에 대해서도 쉽게 조회할 수 있다. 간단하게 조회하고 대출을 실행하면 바로 입금이 되기에 공모주 청약을 진행하다가 금액이 약간 부족할 시 유용하게 사용할 수 있다. 대출 한도는 아마 납부금 또는 환급금의 80~90% 정도까지 가능할 것이다. 단, 마이너스 통장이나 신용대출보다는 조금 더 이율이 높다는 단점이 있다.

청약주택저축 담보 대출도 있다.

청약주택저축은 우리나라 성인이라면 대다수의 사람들이 가입한 상품이다. 청약 주택 저축을 담보로도 대출할 수 있다. 이 역시 낸 금액의 80~90%까지 대출할 수 있으며 이자는 오히려 마이너스 통장보다 낮기에 충분히 활용할 만하다.

예금·적금 담보 대출도 있다.

만약 지금 가입해 놓은 예금이나 적금이 있다면, 은행마다 조금 차이가 있지만, 평가금액의 90% 정도의 금액으로 가능하고 이율은 예금과 적금 가입시 적용받고 있는 금리에서 1% 정도 추가된다. 가장 큰 장점이 예금과 적금을 해지하지 않으면서도 단기간에 사용하는 레버리지를 일으킬 수 있다는 점에서 매력적이다.

제2금융권 대출이 마지막이 되겠다.

저축은행이라고 들어보았을 것이다. 일반 1금융권 (예금은행, 우리은행, 국민은행, 하나은행, 농협 등) 이외에 2금융권 중의 하나가 저축은행이다. 파킹통장으로도 유명한 사이다뱅크, 웰컴저축은행, 상상인저축은행 등이 있다. 앞에서 언급한 기존의 1금융권을 통해서 마이너스 통장을 개설한 후 카카오뱅크, 토스뱅크, K뱅크 등을 통해서 추가로 개설하였다고 한다면 마지막으로 제2금융권의 대출이 남아있다. 대출 가능 금액은 기존에 개설한 마이너스 통장보다도 낮고 금리는 훨씬 높기에 가능하면 추천하지는 않는다.

이렇게 다양한 방법으로 공모주 청약 증거금을 마련할 수 있다. 하지만 무턱대고 대출을 하기 전에 공모주 예상 수익금과 대출 수수료를 비교해 보아야 한다. 다양한 방법으로 증거금은 마련할 수 있으니 "청약증거금이 없어"라는 핑계보다는 공모주 예상 수익금과 대출 수수료를 비교하고, 청약하고자 하는 공모주에 대해 충분히 알아본 후 현명한 공모주 투자를 위한 대출을 해야 할 것이다.

공모주 Check Point 정리

1. 공모주 분위기
2. 기관 수요예측
3. 동종 업계 대비 가격
4. 상장주식에서 구주매출 비율
5. 업종
6. 의무보유확약비율
7. 환매청구권 여부
8. 회사 재정 상태

1. 공모주 분위기: 공모주의 경우 시장을 이기지는 못한다. 국내 증시가 좋지 않을 때는 공모주의 분위기 역시 좋지 않다. 이런 상황에는 스팩청약도 가급적 피하는 것이 좋다. 이때는 비례청약보다는 균등 청약으로 리스크를 줄이도록 하자.

2. 기관 수요예측: 수요예측의 경우 1,000 대 1이 넘어가면 기관들이 해당 공모주를 긍정적으로 바라보았다는 간접적인 신호이기에 참여해도 위험 부담이 적다.

3. 동종 업계 대비 가격: 공모가를 산정하는 기준이 되는데 가끔 동종 비교회사를 터무니없이 높은 회사로 선정하는 경우가 간혹 있다. 잘 알려지지 않은 게임 회사가 상장할 때, C사나 N사를 비교 대상으로 삼으면 비교군이 잘못된 것이 아닐까 싶다. 앞에서 설명한 DART에 들어가면 어떤 기준으로 공모 가격을 산정했는지 비교회사까지 나오니 참고하자.

4. 상장주식에서 구주매출 비율: 구주 비율이 높다는 것은 기존 주주들이 상장일에 매도를 많이 하여 주가가 하락할 가능성이 크다는 것을 의미한다. 구주매출이 최대한 낮은 것이 상장일에는 도움이 되니 참고하자.

5. 업종: 공모주도 주식이기에 해당 섹터의 트렌드를 따라가는 경향이 있다. 한때는 2차전지, 한때는 반도체, 바이오 등 자금이 몰리는 섹터의 공모주가 성공 확률이 더 높다.

6. 의무보유확약비율: 주식을 팔고 나갈 수 있는 구주매출과는 반대로 상장하는 공모주를 얼마나 오래 보유하는지에 대한 비율인데, 높을수록 좋다.

7. 환매청구권 여부: 공모주를 하는 이유가 낮은 리스크이기에 해당 종목이 환매청구권이 있는지 미리 점검하고 상장일 매도를 진행하자. 환매청구권이 있으면 공모가의 10% 하락한 금액에서 주관 증권사가 모두 매수하기에 상장일에 주가가 내려가더라도 손실을 줄일 수 있다.

8. 회사 재정 상태: 가장 중요한 요소이다. 회사가 아무리 포장을 열심히 잘하더라도 결국에 회사는 이윤을 창출해야 하기에 회사의 매출, 영업이익, 공모가 기준 시가총액만이라도 확인하자.

공모주 성적표 및 분석
(2020~2024년)

공모주에 대한 A to Z까지 모든 것을 알아보았다. 주식 계좌 개설부터 공모주 정보들을 알아보는 방법과 리스크 분석까지 다양한 내용을 확인하였다. 나의 경우는 2020년 4분기부터 본격적으로 공모주를 시작하여, 너무 늦게 시작한 아쉬움을 뒤로하고 매해 공모주를 꾸준히 참여하고 있다. 그리고 시간이 지나서 공모주로 발생한 수익을 계산해 보면 지금까지 약 3천만 원의 수익이 발생했음을 확인했다. 매해 수익금과 수익률은 일정하지 않았지만, 최소한 수도권 월세만큼의 이익은 거두지 않았나 싶다.

첫째 아이가 태어난 후 몇 달 지나지 않아서 은행으로 갔을 때 점원의 얼굴이 아직도 기억에 선하다. 어린아이의 주식 계좌를 왜 만드시려는 거냐고 물었던 그때의 기억 말이다. 물론 첫째 아이가 태어난 2021년도는 지금과 같이 아는 사람은 모두 참여하는 공모주 시장의 분위기는 아니었기에 그런 질문을 했던 것으로 생각한다. 이후 둘째 아이가 태어난 2023년도 역시 둘째 아이의 이름으로 다수의 증권 계좌를 개설한 후 공모주에 참여하고 있다. 가족 계좌를 통해서 23년부터는 5개의 계좌로 공모주에 참여하고 있고 그만큼 수익금은 늘어나고 있다. 해마다 공모주로 어떤 성적을 거두었는지 살펴보자.

2020년 월별 공모주 수익

2020년은 9월부터 공모주를 참여하게 되었고 개인 계좌로만 참여하였다. 총 18개의 종목에 참여하였고 총수익금은 300만 원 정도이다. 한 번 청약 시 발생한 평균 수익금은 약 17만 원이고, 이때 공모주 상황은 상장만 하면 거의 무조건 수익을 크게 주었던 시기였다. 이때는 균등배정도 없던 시기라 공모주에 참여하는 사람도 제한적이었다. 여러 해를 돌아보아도 1회 청약 시 발생한 수익금은 2020년도가 가장 높았다. 2020년에는 카카오게임즈와 하이브라는 대형주들이 상장하였기에 수익금도 수익률도 높았던 해로 기록되었다. 손실 난 종목 없이 승률은 100%이며, 평균 수익률은 106%이다.

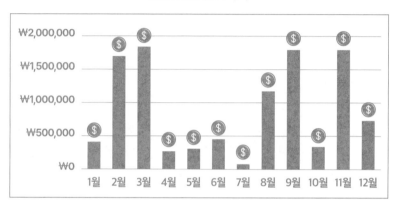

2021년 월별 공모주 수익

2021년부터는 가족 계좌를 활용하여 공모주 청약에 참여하게 되었다. 가족 계좌 청약 횟수 포함하여 총 130건의 공모주에 참여하였고, 1,070만 원의 수익금이 발생하였다. 21년도에는 SKIET, SK바이오사이언스, 카카오페이, 현대중공업 등 굵직굵직한 기업들이 다수 상장한 한해로 기억에 남는다. 1회 청약 시 발생한 평균 수익금은 8만 원이 조금 넘는다. 공모주로 가장 많은 이익을 거둔 한 해였다. 상장하는 종목도 많았고 대어라고 불리는 대기업들의 상장도 많았기에 수익이 가장 높을 수밖에 없었던 듯하다. 공모주 승률은

96개 종목 중 90개 종목에서 수익이 발생했고 6개 종목에서 미비하게 손실이 발생했다. 승률은 94%로 높았고 수익금 역시 컸던 한 해였다. 본격적으로 공모주를 시작한 해이기도 했고 수익도 높았기에 공모주에 대한 확신이 생긴 해였다.

2022년 월별 공모주 수익

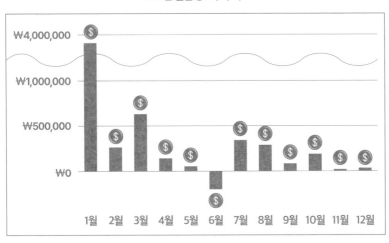

2022년은 공모주 시장에도 먹구름이 끼었던 한 해로 기억한다. 가족 계좌 포함해서 총 140번의 공모주를 참여하였지만, 최종 수익은 490만 원 정도에 그쳤다. 공모주를 시작한 이후로 가장 저조한 성적이었다. 그나마 LG에너지솔루션이라는 대형주가 상장하였기에 수익금이 어느 정도 발생하였다. 2022년에는 수요예측이 좋지 않은 종목들은 참여하지 않았고 스팩주들 역시 참여를 하지 않아서 개인 계좌로의 청약은 68건으로 제한된 종목에만 청약한 영향도 있겠다. 무턱대고 청약하지 않은 것이 조심성 있게 한 행동이었지만 수익금에는 좋지 않은 결과로 돌아왔다. 공모주 승률 역시 68개 종목 중 56개 종목에서 수익이 발생했고 1개 종목은 본전이고 11개 종목이 손실이 발생했다. 승률은 84%였지만 어느 해보다 수익금은 많지 않은 해였다. 6월의 손실은 위니아에이드라는 종목을 청약했고 경쟁률이 낮았기에 주식 배정을 많이 받은 후, 첫날 매도를 하지 못하고 시간이 지나서 너무 큰 손실을 보고 정리하였기에 월별로 손실이 발생한 첫 번째로 기록된다.

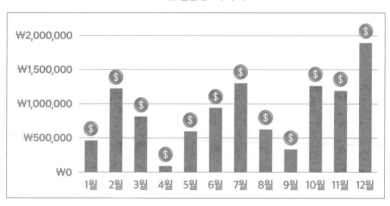

2023년 월별 공모주 수익

2023년부터는 가족 계좌를 최대로 활용하여 공모주 청약에 참여하였다. 가족 계좌 포함하여 총 308번의 공모주에 참여하였고 수익금은 1,020만 원 정도이다. 다수의 가족 계좌를 활용하여 수익금이 많이 늘어난 한 해였다. 두산로보틱스, LS머트리얼즈 등 다수의 대기업이 상장하여 두둑한 수익금을 안겨주었다. 87개의 종목에서 81번의 수익이 발생하였고 93%의 승률을 거두었다.

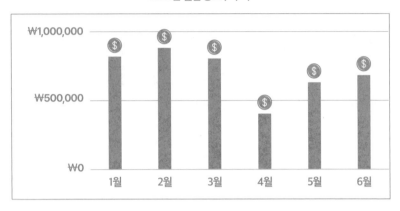

2024년 월별 공모주 수익

2024년은 현재 진행형이다. 23년과 마찬가지로 가족 계좌를 최대한 활용하여 수익을 내고 있다. 상반기를 기준으로 총 200번이 넘는 청약에 참여하여 약 370만 원가량의 이익을 거두고 있다. 24년은 손실을 본 종목이 없기에 승률은 100%이다. 하지만 다른 해처럼 크게 수익을 보여준 종목도 없기에 수익금이 생각보다 많지는 않다. 아직 진행형이기에 하반기에 조금 더 많은 종목이 상장하여 수익을 낼 수 있었으면 하는 바람이다.

공모주에 참고할 만한 사이트 및 자료

전자공시 시스템 (https://dart.fss.or.kr)
모든 정보의 근본이다. 전자공시에 없는 정보는 없으니 이곳의 정보를 근간으로 참고하자. 기존 상장된 종목뿐 아니라 상장될 종목의 정보도 있다.

38커뮤니케이션 (https://www.38.co.kr)
전자공시 사이트가 교과서 같은 느낌이라면 38커뮤니케이션 사이트는 문제집 같은 느낌이다. 기본적인 공모에 대한 정보들뿐만 아니라 여러 정보가 총망라되어 있다.

한국IR협의회 (https://www.kirs.or.kr)
기업 설명회 자료가 모두 있다. 상장하기 전에 기업들에서 본인들을 홍보하기 위해 만든 자료들이 있다고 보면 된다.

네이버 블로그
네이버 블로그를 참고해도 좋다. "블룸앤아이유" 블로그는 자신의 실전 공모주 투자에 대한 내용을 공유하며 안정적인 공모주 투자 방법을 보여주고 있다.
  블룸앤아이유: https://blog.naver.com/ishiseido77

유튜브
유튜브 "공모주한잔"은 자료를 정리하는 데 많은 시간을 할애했다는 생각이 들 정도로 정성이 보인다. 신뢰성이 높은 과거의 자료도 종종 비교 자료로 활용한다. "공모주린이"와 "아이언"의 경우 청약 당일 실시간으로 경쟁률을 업데이트 해주기에 청약 시 참고로 활용하면 유용하다.
  공모주한잔: https://www.youtube.com/@user-dl7im4kc4p
  공모주린이: https://www.youtube.com/@gjbox0301
  아이언: https://www.youtube.com/@iron_invest

"공모주들", "공모러", "38커뮤니케이션", "피너츠 공모주" 등이 있다. 가장 사용하기 편한 앱은 피너츠 공모주인데 일정 체크뿐만 아니라 균등배정까지도 알려주기에 유용하게 사용할 수 있다.

4부

공모주 수익금
활용 방법

통장 분리부터 해보자

공모주 투자를 위한 모든 내용은 이제 숙지했을 것이다. 그렇다면 공모주로 발생한 수익을 어떻게 관리하고 효과적으로 늘릴지 알아보도록 하자.

가장 먼저 해야 할 일은 공모주 통장을 만드는 것이다. 앞에서 공모주 수익에 대해서 기록·정리하는 방법에 대해서 배웠다. 발생한 수익은 그대로 다른 통장에 합쳐지면 시간이 지난 후 얼마만큼의 수익이 발생했는지 기억이 희미해진다. 그렇기에 공모주 수익금만을 위한 통장을 하나 만드는 것을 추천한다. 말 그대로 수익금에 대해서 통장을 분리하는 것이다.

재테크에 대한 영상들을 보면 월급이 들어오게 되면 가장 먼저 통장 분리부터 하라고 이야기하지 않는가. 통장 분리가 그만큼 중

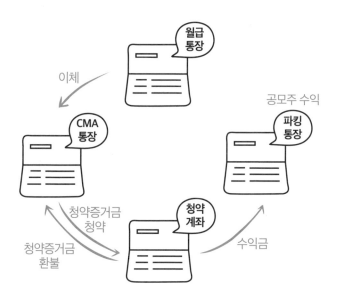

요하다는 생각이 드는 부분이다. 통장을 만들거나 분리 시 가능하면 일반 시중 1금융권의 입출금 통장이 아닌 저축은행의 파킹통장을 대상으로 만드는 것이 좋다. 또는 증권사의 CMA* 통장을 이용해도 좋다.

CMA통장 이용 시 RP형* 이 대체로 이율이 높으니 참고하자. 요즘은 네이버에 파킹통장 이율로만 검색해도 이율이 높은 순서로 나오기 때문에 이율 알아보는 것이 어렵지 않다. 파킹통장 하나를 공모주 수익금 통장으로 지정해 놓으면 수익금이 쌓이는 것을 보면서 흐뭇해지고 파킹통장이라 매월 이자가 발생하는 재미까지 덤으로 얻을 수 있다.

가족 계좌까지 같이 활용하고 있다면 가족 수만큼 통장을 만들어도 좋다. 가족 계좌를 활용하여 얻은 이익을 연말에 가족들에게 선물하게 되면 더욱더 의미가 있을듯하다. 그게 아니어도 가족 계좌 각각에 대해서 따로 투자하는 방법도 추천한다. 결국에 자산을 늘려서 조금은 더 안정적인 삶을 사는 게 목표이지 않은가. 통장 분리를 완성했다면 수익금 관리의 첫 단추를 잘 끼운 것이다.

CMA: 증권사에서 고객의 예금을 금융상품에 투자하여 그 수익을 고객에게 돌려주는 금융상품으로 하루만 맡겨도 이자가 발생한다. 예금자 보호는 되지 않으며 종류는 RP, 발행 어음, MMF, MMW로 나뉜다.

RP형: CMA의 종류 중 하나로, 확정된 이자를 받을 수 있는 상품이다. 신용도가 높은 채권에 주로 투자한다.

수익금 투자하기,
ISA 계좌 활용하기

    수익금을 파킹통장이나 CMA 계좌에 차곡차곡 모으다 보면 투자를 잘 모르던 사람도 없던 돈이 생겼기에 어딘가에 투자하고 싶은 생각이 저절로 들 것이다. 투자를 하지 않고 돈을 모으다 보면 급한 일이 생기거나 갖고 싶던 제품을 보면 사고 싶은 욕심이 생겨서 그 돈을 써버리는 과오를 범하게 된다. 그걸 방지하기 위해서라도 공모주 수익금은 어느 정도 쌓이면 투자로 이어지게 만드는 습관을 갖도록 하자. 그럼, 어디에 어떻게 투자하는 것이 좋을까?

    투자에 대한 종목은 각자 선호하는 섹터나 종목들이 있을 것이다. 여기서는 투자 종목에 집중하기보다는 투자하는 효과적인 방법에 대해서 조금 더 집중해 보자. 모두 각자의 방법이 있겠지만 나는 수익금을 파킹통장에 보관 후 투자할 마음이 생기면 ISA 계좌로

에너지
석유, 가스 관련 기업

산업
항공, 철강, 철도, 우주,
건설 관련 기업

필수소비재
식품, 음료, 위생 관련 기업

선택소비재
의류, 전자제품 관련 기업

금융
증권, 은행, 보험
관련 기업

통신서비스
컴퓨터, 소프트웨어
관련 기업

부동산
부동산 관련 기업

원자재
금, 은, 구리 및 원재료
관련 기업

의료
의약품, 의료기기,
바이오 관련 기업

정보통신
인터넷, 통신 관련 기업

공공재
전기, 가스, 수도 공급
관련 기업

옮긴다. ISA 계좌를 처음 들어본 사람들도 많을 텐데, 이건 꼭 만들어야 하는 만능통장이다. ISA는 Individual Saving Account의 약자로, 한국말로 표현하면 개인종합자산관리계좌라고 보면 된다. 이 계좌를 통해서 주식, 예금, 채권, ETF, 펀드 등의 여러 금융상품을 사고

팔 수 있다고 이해하면 된다. 그러면 왜 이 상품에 가입해야 하는지 살펴보자. 다른 혜택보다 가장 강력한 부분은 세제 혜택이다. 어떤 금융상품에 가입하여 상품을 통한 이익이 발생하면, 이에 대해서는 소득에 대한 세금을 납부해야 한다.

예를 들어 5% 금리의 1년 1천만 원짜리 예금에 가입했다고 가정해 보자. 5%의 금리이기에 50만 원을 받는다고 생각하는 사람도 있겠지만 실제로는 7만 7천 원을 제외한 42만 3천 원을 받게 된다. 이 자율이 5%에서 실제 지급 이자는 4.23%가 확연히 내려간다. 이게 이자소득세 15.4%를 제외하였기에 이런 일이 생긴 것이다. 그러면 ISA 계좌를 활용하면 달라지나? ISA 계좌의 경우 서민형은 400만 원 그리고 일반형의 경우 200만 원까지 이자소득에 대해서 비과세, 즉 세금을 내지 않게 된다는 것이다. 거기에 추가로 일반형 기준으로 200만 원을 초과하더라도 15.4%의 세금이 아닌 9.9%의 분리과세를 적용하게 된다. 이는 이자소득뿐만 아니라 배당소득에도 적용이 된다. 그래서 나는 ISA 계좌를 통해서 주가의 성장성은 더디더라도 배당을 꾸준히 안정적으로 주는 리츠주나 ETF를 꾸준히 매수하고 있다.

이런 만능통장이지만 제약 조건은 있다. 일단 납부 금액에 제한이 있다. 이렇게 좋은데 금액까지 무제한으로 납입하게 된다면 자본금이 많은 사람이 무조건 유리하기에 제약을 만든 게 아닌가 싶다. 제한 금액은 1년에 2천만 원까지 납부 가능하고 총운용할 수 있는 금액은 1억 원 한도가 있다. 1년에 2천만 원까지 납부가 가능하지만, 자금 상황이 여유있지 않아서 1천 5백만 원만 냈다면 다음 해에 500만 원을 추가로 낼 수 있다.

또 다른 제약으로는 의무가입기간이 있다. 3년 동안에는 해지하면 안 된다. 이 기간 안에 해지하고 돈을 인출할 때는 그동안 받았던 비과세 혜택까지 모두 반납해야 하는 불상사가 생기게 된다. 그렇다고 아예 돈을 인출하지 못하는 것은 아니다. 본인이 납입한 원금 내에서 인출이 가능하다. 하지만 원금을 인출할 때 해당 원금은 앞에서 언급한 2천만 원에 이미 포함되었기에 추가로 납부 금액이 늘어나지는 않는다.

예를 들어서 올해 500만 원을 납입하고 200만 원을 인출하였다면 이제 올해 납부 가능 금액은 1천 800만 원이 아닌 1천 500만 원이라는 것이다. 그래서 ISA 계좌에서 인출 시에는 신중히 인출할 필요가 있다. 공모주 수익금을 ISA 계좌를 통해서 주식이나 ETF에 투자하게 된다면 주가가 하락하더라도 해당 금액은 원래 없던 돈으로 생각하면 마음이 편안해져서 투자에 흔들림이 없게 된다.

	일반형	서민형	농어민형
가입조건	만 19세 이상 (근로소득이 있는 경우 만 15~19세 가입 가능)	직전 연도 총급여 5천만 원 또는 종합소득 3천 8백 만 원 이하	직전 연도 종합소득 3천 8백만 원 이하 의 농어민 거주자
비과세 한도	200만 원(초과 시 9.9% 분리과세)	400만 원(초과 시 9.9% 분리과세)	400만 원(초과 시 9.9% 분리과세)
의무가입기간	3년		
납부 한도	연간 2천만 원, 최대 1억 (당해년도 미불입 납부 한도는 다음 해로 이월 가능)		
중도인출	총 납부원금 내에서 횟수 제한 없이 중도인출 가능 (인출 시 납부 한도는 복원되지 않음)		
필요 서류	만15세~19세의 경 우 소득확인증명서	소득확인증명서	소득확인증명서 및 농어업인 확인서

ISA 가입유형

	중개형	신탁형	일임형
가입기관	증권사	은행	음행, 증권사
투자 가능상품	국내 주식, 채권, 펀드, ETF 등	예금, 펀드, ETF 등	펀드, ETF 등
투자방식	투자자가 직접 선택	투자가가 상품을 선택하여 금융사에 지시	금융사가 운용

ISA 종류

ISA 계좌에는 3가지 가입유형이 있는데, 일반형, 서민형, 농어민형이 있다. 일반형의 경우 비과세 한도가 200만 원이고 서민형, 농어민형은 400만 원이다. 서민형 ISA의 가입 기준은 전년도 급여가 5천만 원 이하 또는 종합소득 3천 8백만 원 이하이고, 농어민형은 종합소득 3천 8백만 원 이하의 소득을 가진 농어민 거주자이다.

　　그리고 ISA 계좌의 종류는 3가지가 있는데 주식 및 채권을 중심으로 증권사에서 가입이 가능한 중개형, 예금을 위주로 한다면 은행에서 가입이 가능한 신탁형이 있고, 마지막으로 전문가가 알아서 운용하는 일임형이 있다. 나는 중개형으로 가입하여 리츠 및 ETF에 투자 중이다.

예금에 대한 세금도 줄여보자

투자금을 목돈으로 불리기 위해서 바로 투자하지 않는 때도 있을 수 있다. 투자에 대해서 어느정도 공부하고 나서 시작해도 늦지 않기 때문이다. 이때 돈을 어디에 예치할지 고민한다면 저율 과세 혜택이 있는 곳에다 넣어두면 좋다.

저율 과세를 처음 들어보는 분들도 있을듯하다. 말 그대로 세금, 즉 과세를 적게 하겠다는 뜻이다. 일반적으로 예금이나 금융상품의 이자에 대해서 15.4%의 이자소득세를 내야 한다.

우리가 따로 내는 것은 아니고 이자를 받을 때 자동으로 제외하고 입금이 된다. 15.4%는 14%의 국세와 1.4%의 지방소득세를 합쳐서 산정된다. 요즘 금리도 낮은데, 이자에 세금을 떼가는 것을 보면 정말 아깝다는 생각이 들고는 한다. 이런 이자에 대한 세금을 확 줄이는 방법이 있다.

바로 앞에서 언급한 저율 과세 상품에 가입하는 것이다. 그럼 어디서 어떻게 가입하면 될까? 해당 금융권은 우리에게도 친숙한 농협, 새마을금고, 신협이 있다. 3개의 금융기관에 예금과 적금에 가입할 때 이자에 대해서 1.4%의 저율 과세 세금만 부과된다. 그렇다고 한도가 없는 것은 아니다. 1인당 3천만 원까지만 저율 과세 혜택이 있기에 3천만 원 한도 내에서 가입하면 되고 3개의 금융기관을 합쳐서 3천만 원이기에 이점도 유의해야 한다.

나는 신협을 선호하는데 신협의 경우 거주지역이 아니어도 가입할 수 있기 때문이다. 한 지점에 조합원으로 가입을 해두었다면 다른 지역의 상품 가입에도 아무 문제 없다. 처음에 조합원으로 가입하기 위해서 거주지 근처 신협을 한 번 방문하는 번거로움은 어쩔 수없다. 어차피 금리가 조금이라도 더 높은 곳에 가입하려는 것이기에 거주지 제한이 없는 신협을 선호한다. 그리고 애플리케이션을 통해서 비대면 가입도 가능하기에 편의성까지 있어서 더욱 편리하다.

시드머니를 모으는 것이 우선일까? 투자가 우선일까?

일단 수익금을 효율적으로 모으는 방법까지 알아봤다. 그런데 무작정 모으다 보면 시드머니를 모으는 것과 투자를 하는 것 중에 어느 것을 먼저 해야 하는가에 대한 물음이 생긴다.

나 역시 그러했다. 물론 정답은 없다. 하지만 본인만의 생각과 기준은 있어야 한다. 내가 처음에 생각한 기준의 시드머니는 1천만 원이었다. 수중에 950만 원을 가진 사람과 95만 원을 가진 사람이 각각 있다고 생각해 보자.

여기서 50만 원짜리 청바지를 산다고 하면 누가 살까? 대부분 사람은 950만 원을 가진 사람이 산다고 생각하지 않을까? 하지만 실제로는 95만 원을 가진 사람이 산다. 이유는 950만 원을 가진 사람은 50만 원만 더 모으면 1천만 원이라는 단위가 다른 숫자에 도달하기 때문이다.

1천만 원을 모으고 나면 2천만 원까지 돈을 모으는 시간에 대한 속도가 더 빨라질 수밖에 없다. 일단 돈을 모아봤다는 경험과 자신 감도 생기고 그에 따른 노하우도 쌓일 것이다. 거기에 1천만 원을 예치할 시 발생하는 이자에 대한 부분도 더해지니 말이다.

1천만 원을 모은 다음에 그 돈을 투자하는 것은 어떨까 한다. 공모주로 언제 1천만 원을 모으냐고 푸념할 수도 있다. 몇 개의 계좌를 사용할지 모르겠지만 여유 있게 2~3년 정도면 충분히 모을 수 있다고 생각된다.

물론 중간에 그 돈을 엉뚱한 곳에 쓰지 않는다는 가정하에 말이다. 투자하지 않고 현금으로만 계속 모으는 것은 그다지 좋은 방법은 아니기에 어느 정도 본인만의 시드머니를 모은 후에 각자의 투자처로 돈을 이동하는 것이 좋다.

어디에 투자를 해야 할까?

어느 정도 공부도 하고 시드머니도 모여서 이제는 투자를 해봐야겠다는 결심이 섰다고 해도 투자처가 워낙 다양해서 혼란이 있다. 일단 젊은 세대에서 가장 많이 투자하는 코인을 쳐다보게 된다. 주변에서는 어떤 종목이 급등한다고 알려준다.

또 다른 뉴스에서는 부동산 어디가 뜨고 있다고 나오기도 한다. 이렇게 많은 투자처가 있다 보니 어디에 투자해야 할지 헷갈리기만 한다. 이럴 때는 공모주 수익금을 얻을 때 어떻게 얻었는가 한번 생각해 보자.

1~2년 정도 공모주를 통해서 몇백만 원에서 천만 원 정도 이익을 얻는데 그렇게 큰 노력이 들어갔나 생각해 보면 쉽지는 않았겠지만 그렇다고 정말 뼈를 깎는 노력을 한 것도 아니다. 그렇기에 없

는 돈이라고 생각하고 한국증시에서 리츠같이 안정적으로 배당을 주는 종목들이나 미국 지수에 투자하는 것은 어떨까 싶다. 이런 종목과 섹터들은 급등락은 없지만, 지금까지 꾸준히 우상향했기에 ISA 계좌를 통해서 이자 및 배당 세금도 내지 않고 장기간 투자를 이어 나가는데 용이하기 때문이다.

요즘은 미국 지수(대표적인 예로 S&P500) 인덱스 ETF도 한국의 ETF로 많이 출시되었기에 투자하기도 쉬우며 배당도 과거처럼 분기나 연간 배당으로 주지 않고 월 배당으로 지급하는 상품들도 많이 있다. 미국 주식에 직접 투자를 하고 싶다고 한다면 미국 주식에 직접 투자하는 방법도 좋다. 어차피 한국의 미국 지수 ETF 역시 미국의 지수를 추종하기에 같은 흐름으로 상승과 하락을 하기에 동일하다고 보면 된다.

투자의 대가로 유명한 워런 버핏 역시 유언으로 이렇게 말했다고 하지 않는가. 자신이 죽고 나면 유산으로 90%의 자산은 S&P500 인덱스에 투자하라고 말이다. 투자에 대가 역시 이렇게 말했기에 한 번쯤은 고민할 필요가 있다. S&P500은 미국의 신용평가사인 스탠더드 앤드 푸어스에서 만든 미국의 주가지수로 미국 내 상장한 500곳의 대형기업에 분산 투자한 상품이다. 그렇기에 안전성과 성장성을 모두 갖췄다는 생각이 든다.

S&P500 이외에도 다우존스 및 나스닥 등의 지수 인덱스 ETF가 있지만, S&P500만큼 연평균 수익률이 높지는 않다. S&P500지수의 연평균 수익률은 10%가 넘기 때문이다. S&P500은 우리가 흔히 아

는 마이크로소프트 및 애플 등 이름만 들어도 고개를 끄덕이는 기업들로 포트폴리오가 구성되어 있다.

미국 지수투자에 대한 생각은 어디까지나 나의 생각이다. 하지만 미국지수에 투자하는 방법은 보수적이지만 가장 확실한 방법이라고 생각이 된다. 더군다나 매일 회사일에 바쁜 직장인들에게는 다양한 투자처를 공부할 시간이 제한적이기 때문이다. 하지만 꼭 미국지수가 아니더라도 다양한 투자처에 대해서 공부하고 투자를 진행하다보면 본인에게 맞는 투자 방법을 찾아나갈 것이다.

종합 과자 선물 세트 ETF

　앞에서 ETF라는 상품이 언급되었는데 ETF가 어떤 것인지 처음 접해본 사람들이 있을 것이다. 간단히 설명하자면 ETF란 Exchanged Traded Fund의 줄임말로 펀드의 일종이지만 펀드매니저를 통하지 않고 직접 본인이 주식시장에서 거래할 수 있는 상품이다. 어릴 적 종합 과자 선물 세트를 받은 적이 있을 것이다. 한 가지 과자가 아닌 여러 가지 다양한 과자들이 들어 있어서 먹는 재미와 함께 고르는 재미도 있었던 기억이 있다. ETF는 종합 과자 선물 세트다. 여러 주식을 하나의 선물 세트 주머니에 담았다고 생각하면 편하다. 그리고 주식과 펀드의 장점을 합쳐 놓았다고 보면 된다.

　기존 펀드의 경우 펀드매니저를 통해서 매수, 매도가 가능하고 원하는 시기에 팔기도 쉽지 않았다. 하지만 ETF의 경우 개별 주식과 동일하게 본인이 원하는 시간에 사고팔 수가 있게 되어있다. ETF는 지수 추종*, 섹터별로 구분이 된다. 지수 추종은 말 그대로 한국의 코스닥 지수 추종이라던가 미국의 S&P500 지수 추종 상품들이 있다.

섹터별로는 반도체, 2차전지, 바이오, 배당 관련주 등의 비슷한 산업의 종목들이 한 개의 ETF에 포함되어 있다고 보면 된다. 여러 종목들이 하나의 상품으로 묶여 있기에 개별 종목의 급등락에 영향을 덜 받을 수 있는 상품이다. ETF를 선택할 시에는 해당 ETF가 어떤 종목들로 어떻게 구성되어 있는지 살펴봐야 한다.

네이버 증시에서 원하는 ETF를 선택한 후 ETF 분석 탭으로 들어가서 내가 매수하려는 ETF의 종목 구성이 어떻게 되어있는지 꼭 살펴보고 매수하도록 하자. 비슷한 이름의 ETF라도 종목 구성 및 비율이 조금씩 다르기 때문이다. 예를 들어 2차전지 ETF로 검색하면 많

금융검색							증권홈 > 금융검색
'2차전지'검색결과 (총21건)							
국내종목(21) ﹀							
종목명	현재가	전일대비	등락율	매도호가	매수호가	거래량	거래대금(백만)
TIGER 2차전지테마 코스피	18,185	▼ 595	-3.17%	18,185	18,180	532,405	9,830
KODEX 2차전지산업 코스피	15,560	▼ 525	-3.26%	15,560	15,550	1,333,810	21,054
TIGER 2차전지TOP10 코스피	10,000	▼ 390	-3.75%	10,020	10,000	2,028,346	20,579
ACE 2차전지&친환경 자액티브 코스피	9,110	▼ 365	-3.85%	9,110	9,100	4,819	44
TIGER 2차전지TOP10레버리지 코스피	2,125	▼ 165	-7.21%	2,125	2,120	1,781,566	3,897
KODEX 차이나2차전지MSCI(합성) 코스피	4,755	▼ 45	-0.94%	4,760	4,735	17,265	82
RISE 2차전지액티브 코스피	7,930	▼ 265	-3.23%	7,930	7,910	131,394	1,061
SOL 한국형글로벌전기차&2차전지액티브 코스피	10,325	▼ 95	-0.91%	10,325	10,305	746	7
SOL 2차전지소부장Fn 코스피	5,190	▼ 195	-3.62%	5,190	5,185	202,548	1,069
KODEX 2차전지핵심소재10 코스피	5,610	▼ 215	-3.69%	5,615	5,610	443,685	2,541

ETF 종목명

은 ETF가 나오게 된다. 여기서 어떤 ETF를 골라야 하는지 고민이 될 것이다.

그리고 가장 먼저 이름이 너무 길게 느껴질 것이다. ETF 상품의 이름에서 제일 먼저 나오는 것은 판매하는 증권사이다. TIGER는 미래에셋, KODEX는 삼성증권, KBSTAR는 KB증권, SOL은 신한 투자증권 등 이런 식이다. 판매하는 증권사 다음에 나오는 명칭으로 어떤 상품을 판매하는지 알 수 있다.

실제로 중요하게 살펴봐야 할 부분은 해당 ETF의 거래량 및 거래대금이다. 개별 종목과 다르게 ETF는 거래량이 적은 종목들의 경우 본인이 원하는 매도 가격에 팔 수 없는 어처구니없는 상황이 생길 수가 있다. 주식이라는 것이 본인이 팔려는 가격에 누가 사줘야 거래가 되기에 본인이 거래하려는 ETF의 제목으로 검색 후 거래량이 상위 5개에 들어가는 ETF 위주로 거래하는 것이 좋다. 상위 5개 정도의 ETF를 확정한 후 해당 ETF의 종목 구성을 확인한다.

다음으로 펀드보수*라는 것을 확인하자. 개별주식 종목과는 다르게 ETF 역시 펀드의 일종이다. 그렇기에 운용 수수료가 있다. 이 운용 수수료는 대부분 연간 0~1%이다. 이 숫자가 커 보이지는 않지만, 장기간 투자를 목표로 한다면 이 운용 수수료도 중요한 검토 대상이 된다. ETF는 국내 주식종목뿐만 아니라 미국 주식 종목도 있기에 본인의 취향에 따라 국내 주식이나 미국 주식에 투자하면 된다. 간단히 ETF에 대해서 알아보았다. 개별 주식에 투자하기를 꺼리는 사람들에게는 좋은 선택지가 될 것이다.

환율 및 시황* 체크하기

환율 투자도 좋은 투자처가 될 수 있다. 환율은 그 나라의 돈의 가치이기에 오르락내리락하기 때문이다. 다음 그림은 가장 많은 사람이 투자하는 달러의 1년 치 환율 변동 그래프이다.

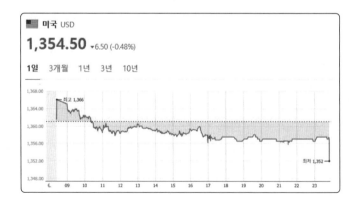

환율은 오르락내리락하게 된다. 어느 정도 본인만의 환율 매입 기준을 세우고 그 가격까지 내려온 것을 확인한 후에 매입하면 된다. 과거와는 다르게 요즘에는 은행 애플리케이션에서 환전한 후 보관까지 해주기 때문에 굉장히 편리하다.

또한, 환전수수료를 우대해 주는 은행들도 많이 있기에 환전하려는 시점에 은행 애플리케이션에 접속한 후 우대를 해주는 곳에서 환전하면 된다.

또 다른 주요 통화 수단인 엔화의 1년 치 환율 등락 그래프이다.

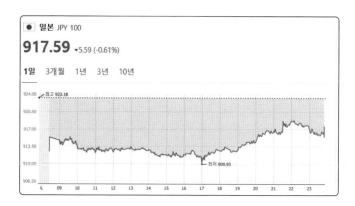

엔화의 경우 2022년 이후 많이 하락하였기에 투자에 주의를 기해야 한다. 환율이라는 것이 주식처럼 하루 등락폭이 크지 않기에 단기간 투자를 한다는 생각보다는 어느 정도 기간을 잡고 투자에 임하는 것이 심적으로 편안하다.

달러나 엔화 및 나라별 환율을 확인하는 방법은 네이버 검색창에 원하는 환율을 직접 검색해도 되고, 환율이라고 검색해도 주요 환율들이 모두 한꺼번에 나오니 참고하도록 하자.

시황 : 경제나 산업의 상황을 일컫는 말로 상품이나 주식 등이 시장에서 거래되는 상황

5부

돈에 관한 생각 및
노후를 위한 대비

급여 소득을 늘리는 방법은?
원천징수 80%로 바꾸기

직장인들이라면 매월 정해진 날짜에 급여를 받게 된다. 이때 실수령액은 대부분 매월 일정하게 받는데, 이를 바꾸는 방법이 있다면 어떨까? 연봉이 바뀌지 않는데 어떻게 통장에 들어오는 월급이 달라질 수 있다는 것인가? 방법은 바로 근로소득세 원천징수 세율을 바꾸는 것이다. 원천징수라는 게 무엇인지는 대부분 알 것이다.

급여에서 내 통장으로 들어오지 않고 바로 국가의 세금으로 빠져나가는 것이다. 이 원천징수에 대한 세율을 조정함으로써 개인의 실제 통장에 들어오는 월급을 늘릴 수 있다. 하지만 이는 실제 소득을 늘리는 것이라기보다는 연말정산 시 돌려받을 환급액을 조정한다는 표현이 더 적절한 표현이겠다.

예를 들어서 24년도에 기납부한 세금이 500만 원이고 최종적으로 확정된 결정세액이 300만 원이라고 가정한다면 우리는 연말정산에서 200만 원을 돌려받는 것을 알고 있을 것이다. 하지만, 이렇게 기납부한 세금을 500만 원이 아닌 400만 원대로 낮추는 방법이 원천징수 세율을 조정하는 것의 핵심이다.

어차피 낼 세금인데 일찍 납부하거나 늦게 납부하거나 동일한 것 아니냐고 생각할 수도 있고, 연말정산 때 기분이라도 낼 수 있도록 미리 세금을 많이 내는 것이 어떠냐고 생각할 수도 있다. 하지만 죽음과 세금은 미룰수록 좋은 것이 아닐까?

굳이 세금을 미리 낸다고 본인에게 어떤 득실이 있단 말인가. 통상 직장에서의 원천징수 세율은 100%로 고정되어 있을 것이다. 회사마다 약간 상이하겠지만 연초에 정할 수 있는 회사도 있고, 고정으로 100%로 지정하는 회사도 있을텐데, 이 세율을 재직 중인 직장의 급여 담당자에게 이야기해서 80%로 변경하는 것이 필요하다. 그렇게 반영되면 다음 달부터 통장에 들어오는 급여가 늘어나 있음을 알 수 있게 된다.

부양가족과 개인의 상황에 따라 금액은 상이하겠지만, 이렇게 원천징수를 조정해서 늘어난 금액을 소비하지 않고 재테크를 하거나 연말정산을 대비하여 예금이라도 가입해 두는 것이 어떨까. 나중에 납부할 세금으로 직장생활을 하는 동안에 꾸준히 예금에 가입해 놓는다면 이자와 복리의 힘까지 더해지니 말이다.

퇴직연금 바꾸기,
DB형에서 DC형으로

　직장을 다니게 되면 퇴직금이 있다는 것은 들어봤을 것이다. 퇴직금은 개인의 노후를 대비하게 하려고 국가가 만든 제도이며 5인 미만 사업장을 제외하고는 필수로 존재한다.

　과거에는 회사가 부도가 나면 개인의 퇴직금을 받을 수 없는 상황이 발생했는데 국가에서 이를 방지하고자 개인의 퇴직금을 별도의 퇴직연금사업자가 관리하도록 하게 되어있다. 대부분 직장인은 이런 퇴직연금에 종류가 있다는 사실을 모르고 퇴직금을 쌓아간다. 알아서 회사가 잘 쌓아주고 있는 것 아니냐는 안일한 생각을 하는 사람들이 주위에도 제법 있다. 본인의 퇴직금이기에 누구보다 본인이 관심을 가져야 하지 않을까? 이런 퇴직연금은 DB형과 DC형 이렇게 2가지 종류로 나뉜다.

DB(Defined Benefit)형은 확정급여형이라고 불리는데 단어 그대로 확정되어 있다는 뜻인데, 퇴직금을 회사가 운영하고 퇴직 시 받을 수 있는 금액이 정해져 있다는 뜻이다. 금액은 어떻게 산정될까?

개인의 퇴직 직전 3개월간 평균임금에 근속연수를 곱하면 본인의 DB형 퇴직연금 총합이 된다. 이런 DB형의 퇴직연금을 조금이라도 늘리는 방법도 있다. 만약 회사에서 주어진 연차를 모두 사용하지 않았다면 이 역시도 퇴직연금에 포함이 된다. 그리고 만약 기회가 된다면 해외 및 국내 본사가 아닌 다른 지역 근무로 인해 추가되는 수당 역시 퇴직연금에 포함이 되기에 금액을 늘릴 수 있다. 하지만 연차의 경우 개인이 조절하여 사용하지 않을 수 있지만, 해외 및 지사 근무의 경우 본인이 원한다고 할 수 없는 부분이 있다. 이런 DB형의 경우 회사에서 퇴직연금사업자를 통해서 전적으로 운용하기에 개인이 받을 금액에 대한 손실이 없으므로 안전하게 자산을 운용하려는 사람들의 경우 DB형이 적합하다.

DC(Defined Contribution)형은 확정기여형이라고 한다. 개인이 운용하고 그 수익이나 손실에 대해서 운용 주체인 개인이 책임을 지는 것이다. DB형과는 다르게 운용하는 결과에 따라서 손실이 날 수도 있다. 현재의 퇴직금에 준하는 금액을 DC형 퇴직연금 계좌로 이동하여 본인이 직접 운용하는 것이기에 본인의 성향에 맞는지 확인하고 진행해야 한다. DC형의 경우 회사가 매년 연간 임금의 1/12 이상만큼을 근로자 퇴직연금 계좌에 직접 예치해 준다. DC형의 경우 개인이 직접 운용하기에 위험 부담이 있어서 30%에 대한 금액은 안전자산에 예치해야 한다. 변동성이 낮은 채권 ETF 및 예금과 적금 등에 예치할 수 있다. 노후를 위한 자산인데 위험자산에 모두 예치했다가 낭패를 보는 것을 막으려는 조치라고 보면 된다. 나머지 70%의 위험성 자산은 어떻게 꾸려야 할까? 나를 포함해서 많은 사람이 미국 지수 ETF를 많이 운용하고 있다. 개인별로 유망하다고 생각하는 섹터 ETF를 매수해도 된다. DC형인만큼 각자의 운용 스타일에 맞춰서 운용하면 된다고 생각한다.

DB형과 DC형을 알아보았는데, 본인의 성향에 맞춰서 가입을 하면 된다. 원금에 대해서는 무조건 지켜야 한다는 생각이면 굳이 위험 부담을 느끼지 않는 DB형이 좋겠지만 연봉이 물가상승률 이상으로 뛰지 않는다면 DC형도 좋은 선택지라고 생각된다. DB형의 경우 본인의 임금 상승이 앞으로도 꾸준히 높을 것으로 생각한다면 DB형이 유리하고, DC형의 경우 본인의 임금 상승률이 높지 않다고 생각하여 직접 운용해서 수익을 내겠다고 생각하는 사람들에게 적합하지 않을까 싶다. DB형을 선택한 근로자 역시 DC형으로의 전환이 필요한 시점은 있다. 그때는 임금피크제가 시작되기 전이다. DB형의 경우 퇴직금을 월평균 3개월치의 평균으로 지급하기에 평균임금이 가장 높을 때인 이때 가장 많은 퇴직연금이 쌓이게 되기 때문이다.

개인연금의 종류 3가지, 어느 것으로 가입할까?

    100세 시대에 접어든 상황에서 우리는 언제까지 일할 수 있을까? 평범한 직장인들의 경우 30세에 취업하여 정말 운이 좋으면 60세까지 직장을 다닐 수 있지 않을까? 물론 60세 이후에도 실버 일자리 등 다양한 방법으로 일은 할 수 있지만 젊을 때 직장을 다닐 때와의 경제적 수입은 비교가 불가할 것이다. 30년 동안 근무를 하면서 소비하고 남은 돈으로 60세 이후 남은 40년을 책임져야 하는데 참 쉽지 않은 일이다. 본인이 부양해야 할 가족들이 있다면 더 어려울 테고 말이다. 그렇기에 1살이라도 젊은 시절에 미래의 나와 가족을 위한 연금보험에 가입해야만 한다. 당장 연금에 납입할 돈이 없다고 푸념하는 지인이 있다면 소비를 줄여서라도 가입을 추천하고 싶다. 그럼 어떤 연금에 가입해야 할까?

	연금저축신탁	연금저축펀드	연금저축보험
판매처	은행 (2017년까지만 가입 가능)	증권사	보험사/생명사
원금보장	보장	미보장	보장
세액공제	적용	적용	적용
예금자 보호	적용	미적용	적용
적용수익률	실적배당	실적배당	공시율*
연금수령 기간	10년 이상 확정 기간	10년 이상 확정 기간	10년 이상 확정 기간

개인연금 3가지 종류

    연금에 가입하려고 보험사에 문의하면 정말 다양한 연금들을 설명하고 가입을 유도한다. 변액보험으로 시작해서 종류도 다양하다. 내가 추천하고 싶은 것은 연금저축펀드이다. 개인연금의 종류는 일단 3가지인데, 연금저축신탁, 연금저축보험, 연금저축펀드가 있다. 종류가 나뉘는 이유는 운용하는 기관이 다르기 때문이다. 먼저, 연금저축신탁은 은행에서 가입할 수 있다. 연금저축보험은 보험사나 생명사에서 가입이 가능하다. 마지막으로 연금저축펀드는 증권사를 통해서 가입할 수 있다. 당연히 운용하는 곳이 다르기에 가입할 수 있는 상품도 다르다고 볼 수 있다. 다수의 사람이 연금저축보험에 많이 가입한 상태일 것이다. 그도 그럴 것이 주위에 보험을 하는 지인의 부탁으로 가입하는 경우들이 많기 때문이다. 하지만 연금저축보험의 경우 보험사의 운용비를 먼저 제외하고 운용을 하기에 수익률이 굉장히 낮을 것이다. 나 역시 사회 초년생 시절에 모르고 연금저축보험에 가입하였다가 연간 평균 수익률이 1%대라는 것을 보고 굉장히 놀랐던 기억이 있다.

연금저축보험 가입자라면 당장 해당 사이트로 들어가서 본인의 납입한 금액과 해지환급금을 비교해 보면 된다. 연금저축보험의 경우 운용비 때문에 5년 이상 납입해야 본전 정도가 되는 구조이기 때문이다. 한 번 연금저축보험으로 가입하였다면 계속 연금저축보험으로만 운용해야 할까? 정답부터 말하자면 아니다. 연금저축보험에서 연금저축펀드로 이동이 가능하다. 단, 해지하지 말고 그대로 이전하겠다는 전제조건이다. 방법은 이렇게 하면 된다.

먼저, 이동할 증권사의 애플리케이션에서 개인연금 계좌를 개설한다. 그리고 해당 보험사에 전화해서 개인연금보험에서 개인연금펀드로 이전할 거라고 이야기하고 개설한 증권사 계좌번호를 불러준다. 이렇게 하면 끝이다. 당일이나 하루 정도 지나고 나면 개설한 증권사의 연금 계좌에 연금보험에서 이전한 돈이 들어올 것이다. 이전한 돈이 입금되면 본인이 상품을 직접 매수하면 된다. 개인연금의 경우는 연말정산 시 세제 혜택이 있기에 할 필요성은 더욱 커진다.

2023년부터 개인연금저축 600만 원에 IRP 300만 원까지 해서 총 900만 원에 대해서 급여 5,500만 원을 기준으로 5,500만 원 초과 시 13.2%를 5,500만 원 이하 시 16.5%를 돌려받게 된다. 각 최대

1,188,000원과 1,485,000원을 돌려받는 것이다. 연말정산 시 매번 세금을 추가로 납부하는 사람들의 경우 이 방법을 이용하면 많은 금액이 절약될 것이다. IRP 계좌까지 포함해서 900만 원까지 납입하면 연말정산 시에는 최대의 효율이 발생한다. 연금저축의 연간 납부 한도는 IRP 계좌를 포함하여 1,800만 원까지이기에 여유가 있으면 더 납입해도 좋다. 이외에도 55세부터 연금 수령이 가능한데, 세금에 대한 징수, 즉 과세를 연금 수령 시점까지 늦춰주며 연금 수령하는 세금의 비율도 굉장히 낮다. 55세부터는 5.5%를, 70세부터는 4.4%를, 80세부터는 3.3%만 징수한다. 나라에서 공적연금, 즉 국민연금만으로는 국민의 노후 생활이 불안정하기에 파격적인 혜택을 주는 것이므로 꼭 가입을 하는 것이 좋다.

단, 55세부터 개인연금 수령을 하기 위해서는 몇 가지 조건도 있다. 5년 이상 가입, 만 55세 이후 수령, 10년 이상에 걸쳐서 수령이다. 이렇게 좋은 개인연금이지만 주의할 점도 있다. 납입할 돈을 급하게 사용할 계획이 있는 경우에는 연금저축 계좌에 넣어두면 안 된다. 55세 이전에 인출할 시 세액공제를 받은 금액들에 대해서 16.5%의 세금을 내야 하기에 장기적으로 투자할 여유가 있는 돈으로만 납입하는 것이 좋다. 그리고 연금으로 수령 시에도 연간 1,500만 원이 넘으면 종합과세를 적용받기에 수령 금액에 대해서는 적절한 배분이 필요하겠다.

개인연금 3가지는 모두 연말정산 시 혜택을 보는 상품이기에 본인의 성향에 맞게 가입 및 운용하면 되지만 서두에 말했듯이, 연금저축보험의 경우 운용 수수료 등을 제외하고 운용하기 때문에 수익률이 굉장히 낮다. 하지만 예금자 보호의 대상이기에 정말 보수적으로만 운용하실 분들이 아니면 추천하지는 않는다. 그리고 연금저축펀드에서 어떤 상품을 매수할지 모르겠다면 먼저 어떤 상품을 매수할지 공부를 하고 연금저축보험에서 이전해도 늦지 않는다. 상품에 관한 공부는 개인의 성향에 따라 다르겠지만, 연금저축펀드는 ETF 위주로 매수가 가능하기에 본인이 관심이 있는 분야의 ETF 위주로 공부해 보도록 하자.

23년에는 2차전지가 24년에는 반도체가 시장의 높은 관심을 받고 있다. 만약, 보수적인 사람이라면 부동산을 ETF로 만든 리츠*에 관심을 가져도 좋다.

공시율 : 매월 납입하는 보험료에서 사업자의 비용을 제외한 금액이 적립됨, 이 적립금에 적용되는 이율로 매월 변동이 되지만 최저 보증이율까지는 보증

리츠 : 부동산을 ETF로 상장시켜서 수익금을 주주들에게 배당금으로 지급하는 것

어후.. 아니 이게 말이 되냐구~ 꼬박꼬박 월급에서 세금 나가는데 연말정산 때 돌려받진 못할망정 100만 원을 더 내라니!!

연말정산때 추가로 많이 내는구나~ 혹시 세액공제 상품 가입했어?

세액공제를 받을 수 있는게 있어? 그냥 신용카드나 현금영수증만 했었는데~

연금저축에 가입 하면 소득 5,500만 원 기준으로 최대 148만 5천원까지 돌려받을 수 있어~

그런게 있어? 몰랐네~ 어떻게 하는거야?

매년 연금저축 펀드에 600만 원, IRP계좌에 300만 원, 총 900만 원을 넣으면 최대로 세액공제를 받을 수 있어. 55세부터 연금을 수령할 때도 연금세율도 굉장히 낮아. 55세부터는 5.5%, 70세부터는 4.4%, 80세부터는 3.3%만 세금으로 납부하고 연금을 수령할 수 있어~

그런게 있었어? 지금 당장 가입하러 가야겠다~

노후를 위한 4층 연금탑

    앞에서 연금의 종류에 대해서 살펴보았다. 노후 준비를 위한 연금 3층 탑에 대해서는 많이 들어봤을 것이다. 1층 탑은 국민연금이다. 근로소득자의 경우 급여에서 국가가 자동으로 선취한다. 뉴스에서 국민연금에 대한 이슈는 과거부터 항상 많았다. 청장년층의 납부 부담이 점점 늘어나고 있다는 것이다. 기대수명이 늘고 출산율은 감소하면서 역피라미드 구조의 인구구조이기에 소수의 젊은 세대들이 다수의 노년 세대를 책임져야 하는 상황이다. 그렇다보니 지금의 젊은 세대들은 국민연금에 대한 불신이 크다.

    실제 본인의 국민연금 수령액이 얼마나 되는지 국민연금 공단 홈페이지를 통해서 확인할 수 있다. 한번 조회해 보면 예상보다 수령액이 많지 않다는 것을 알 수 있을 것이다. 노후 준비가 부족한

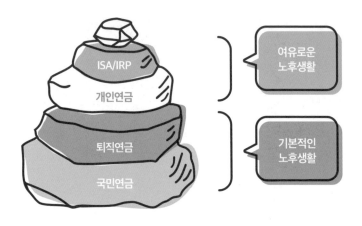

사람들의 경우 믿을 것은 국민연금뿐이기에 굉장히 부족하다고 느껴질 것이다. 이런 부족한 부분을 나머지 연금탑에서 채워줘야 한다.

2층 연금탑은 퇴직연금이다. 회사의 퇴직금을 연금형식으로 수령하는 방법이다. 앞에서 언급한 것처럼 DB형 또는 DC형으로 운용하면서 발생하는 퇴직연금을 노후에 사용하게 된다.

3층 연금탑은 개인연금이다. 개인이 운용하면서 연말정산 시 세제 혜택도 있기에 꼭 해야 하는 연금이다. 당장 생활하는 상황이 여의치 않아서 개인연금을 미루다가는 노후에 조금이라도 편한 삶을 살기가 어렵다. 연금 3층 탑까지는 많이 알려져 있다. 나는 이것도 부족하다는 생각이 들기에 ISA나 IRP계좌를 연금 4층 탑으로 생각하고 노후를 위한 탑으로 올리는 것을 권한다.

IRP 역시 세제 혜택이 좋기에 가입하여 운용하다가 55세 이후 수입이 사라졌을 시 연금의 형태로 수령하면 좋다. ISA의 경우 세제 혜택은 없지만, 절세 혜택이 좋기에 장기간 운용하면서 또 다른 연금탑의 하나로 활용하기에 충분히 좋은 상품이다. 노후를 위한 대비는 많을수록 좋다고 본다. 한 살이라도 젊을 때 시작해야 하는 것이 노후 대비이다.

욜로(YOLO)라는 말이 유행한 적이 있었다. You Only Live Once의 줄임말로 한 번 사는 인생이니 마음껏 소비하자는 마케팅이 유행했었다. 이 마케팅은 SNS를 통해서 더욱 퍼져나갔고 본인의 소비를 과시하는 게시물이 유행했었다. 하지만 시간이 지나고 보니 본인의 통장은 홀쭉해 있는 것을 알아차렸을 것이다. 노후 준비라는 것은 아무리 빨라도 늦지 않는다고 생각하기에 지금 당장이라도 시작해야 한다.

은행은 돈을 빌리는 곳이지
맡기는 곳이 아니다

과거에 나 역시 예금과 적금을 열심히 하였던 기억이 있다. 그때는 재테크에 무지했기에 은행을 통해서 돈을 모으는 것만이 유일한 방법이라고 생각했었다. 하지만 예금과 적금 만기 시 받을 금액을 미리 계산해 보면 생각보다 이자가 아주 적다고 느끼게 될 것이다. 이유는 이자에 대한 소득세가 발생한다. 추가로 이율 자체가 높지 않다. 특판으로 고금리 상품들이 가끔 나오기는 하지만 이는 납부 금액 자체가 적기에 큰 의미를 부여하기는 어렵다. 은행에 돈을 맡기는 것이 좋은 방법이 아니라는 것을 빨리 깨달을수록 좋다.

그럼, 은행은 뭐 하는 곳인가? 은행은 돈을 맡기는 곳이 아니라 빌리는 곳이라는 생각을 해보면 어떨까? 무턱대고 돈을 빌리자는 것이 아니다. 본인만의 확실한 노하우나 확신이 있는 곳에 투자하기 위해 자금을 빌리기 위한 곳으로 생각하도록 하자. 그렇다고 은행에서 돈을 빌려서 투기성 자산에 투자하자는 것이 아니다.

생각의 전환을 해보자! 예금과 적금 대신 여유자금으로 활용할 수 있는 방법들을 찾아보면 된다. 이 책을 읽는 이유처럼 여유 자금으로 공모주에 사용하는 것도 방법이다. 다시 한번 말하지만, 은행에 예금과 적금을 하는 것은 이제 그만해도 된다. 은행 역시 이윤을 추구하는 영리기업임을 명심해야 한다.

대기업/공기업이 좋은 이유는
대출 때문이다

많은 직장인이 대기업이나 공기업에 다니고 싶어 한다. 나 역시 운이 좋게 대기업에 취직했다. 대기업이 좋은 이유는 사실 많다. 하지만 대기업이 좋은 이유 중 하나는 바로 대출이다.

대출은 소득에 따라서 다르기에 당연히 연봉이 높은 대기업이 좋다고 말하는 것이 아니냐고 반문하고 싶겠지만, 단순히 연봉으로 인한 대출금이 많은 것을 말하고 싶은 것이 아니다. 대출을 받을 때 은행마다 지점마다 금리가 일부 상이하다는 것은 알고 있을 것이다.

여기서 일부 금융권의 경우 대기업의 집단 대출이라는 상품이 있다. 해당 그룹의 임직원일 경우 대출금도 더 많아지지만, 대출이자에 대해서 우대 혜택이 있다. 대출을 받아야 하는 이유는 다양하겠지만 많은 금액을 적은 이율로 대출받을 수 있다는 것은 매우 큰 장점으로 작용한다.

그럼 나는 대기업도 아니고 공기업도 아닌데 어떻게 하나요? 라고 나에게 묻는 사람이 분명히 있을 것이다.

대출을 위한 방법은 다양하다고 앞서 이미 말했고, 대출이 핵심이 아니라는 것은 이 책을 읽는 독자라면 누구나 알 것이다.

시드머니는 최소 1천만 원을 모으는 것을 목표로 하자

    사회 초년생들의 경우 이제 돈을 모으기 시작하는 때이다. 돈을 모을 때 아무런 목표 없이 저축하다 보면 금방 지치게 될 수 있다. 그도 그럴 것이 수중에 모은 돈으로는 큰 금액이 있어야 하는 부동산은 엄두도 내기 어려울 것이기 때문이다. 급한 마음에 언제 돈을 모으냐는 생각에 주식이나 코인같은 상품에 투자하는 것은 피해야 한다. 그리고 돈을 모을 때 목표가 있는 것과 없는 것은 큰 차이가 있다. 그렇기에 사회 초년생이거나 돈을 모으는 것을 목표로 삼은 사람들에게는 시드머니 1천만 원을 먼저 모으는 것이 좋다. 돈이라는 것이 신기하게도 모이면 모일수록 불어나는 속도가 빨라진다.

    어릴 때 눈덩이를 굴려봤을 것이다. 처음에는 눈이 잘 모이지 않지만, 어느 정도 커지면 눈덩이를 굴릴 때마다 눈이 커지는 속도가 훨씬 빨라지는 것을 볼 수 있다. 돈이라는 녀석도 마찬가지이다. 일단 시드머니 1천만 원을 단기간에 모으는 것을 목표로 돈을 모아야 한다. 목표를 세울 때 금액과 시점까지 모두 정해놓아야 한다. 999만 원과 1천만 원의 차이는 만 원짜리 한 장의 차이지만 체감은 굉장히 다르게 다가온다. 1천만 원 모으기 목표를 달성했다면 또 다른 1천만 원을 모아서 2천만 원을 모으는 것을 목표로 삼도록 하자.

앞에서 모은 1천만 원에는 본인만의 애칭을 붙여보도록 하자. 만약 1천만 원을 모으는 데 5개월이 걸렸다고 가정하면 2천만 원을 모으는 시간은 분명 5개월이 걸리지 않을 것이다. 본인이 일하면서 1천만 원을 모으는 동시에 그동안 모은 1천만 원도 분명히 어디에선가 일하고 있을 것이기 때문이다. 나와 동시에 지금까지 모은 돈 1천만 원이 일을 하고 있기에 돈이 모이는 속도는 빨라지게 되는 것이다. 당연한 사실이지만 이 부분을 간과하고 그동안 모은 1천만 원을 본인의 플렉스를 위한 곳에 소비하는 우를 범하지는 말아야겠다. 그리고 1천만 원씩 모을 때마다 애칭을 붙이고 그 친구들과 함께 돈을 모으고 있다는 생각을 하면 돈을 모으는 것이 지겹지만은 않을 것이다.

시드머니를 모으기 위해서는 돈을 꾸준히 모으는 것이 필수적이지만 소득의 어느 정도를 모으는 것이 좋을까? 개인마다 차이가 있지만, 사회 초년생들의 경우 소득의 최소 60% 이상을 모으는 것이 좋다고 생각한다. 이는 굉장히 어려운 목표임에는 틀림없다. 처음 회사에 들어와서 첫 월급을 받게 되면 그때부터 사고 싶은 것들이 마구 생겨난다. 월급을 받기 전에는 생각하지도 않았던 제품들이 눈에 들어오기 시작할 것이다. 하지만 명심하자! 소비하고 나서 저축한다면 절대 원하는 시드머니를 해당 시점에 모을 수 없다. 알다시피 저축할 돈을 제외하고 소비를 해야 한다. 개인의 성향을 스스로 잘 파악하고 소비 욕구를 절제해야 한다.

물론 소득의 60%를 저축하는 것이 쉬운 일은 아니지만, 나이가 들수록 돈이 필요로 하는 곳은 늘어나기에 한 살이라도 젊을 때 돈을 모으는 습관을 지녀야 한다. 어릴 때는 소득이 높을수록 모으는 돈도 많아지고 자산도 비례해서 늘어날 것으로 생각했지만 시간이 어느 정도 흐르고 뒤돌아보니 소득이 꼭 자산과 비례하는 것은 아니라는 것을 알게 된다. 그 이유는 가장 중요한 것이 소득의 저축과 소비 통제에 있기 때문이다.

감가상각이 심한 자동차는 나중에

　돈을 모으다 보면 여러 가지 장애물이 생긴다. 그 장애물 역시 스스로 만든 것이지만 유혹을 이겨내기가 쉽지 않다. 정기적인 소득이 생기다 보면 먼저, 자동차가 눈에 들어오는 사람들이 많다. 단연코 말하지만, 자동차는 정말 필요한 상황이 아니면 사는 것을 추천하지 않는다. 더군다나 새 차로 산다면 바퀴가 지면에 닿는 순간 가치가 떨어지는 감가상각이 발생한다.

　수도권 기준으로 대중교통이 잘 되어있기에 굳이 필요하지 않은 상황이라면 자동차를 사면 안 된다. 가끔 카푸어에 대한 기사를 볼 때마다 안타까운 마음이 들기도 한다. 만약 자동차가 꼭 필요해서 사게 되더라도 중고로 소형자동차를 사는 것을 추천한다. 자동차를 사는 것이 시드머니를 모으는 최대의 걸림돌이 될 수도 있다. 자동차를 사면 일단 끝이 아니라 사놓기만 해도 추가 비용이 발생한다. 꼭 가입해야 하는 종합보험 비용, 꼭 내야 하는 자동차 세금, 꼭 발생하는 자동차 점검 비용 및 수리 비용들이 자동차를 사기만 해도 발생하는 비용들이다. 여기에 자동차를 운행하면 발생하는 유류비에 주차비 등 생각하지 못했던 돈들이 많이 발생하기에 정말 필요한 상황이 아니라면 구입하지 않아야 한다. 사더라도 이자가 발생하는 할부로의 구매는 하지 말자. 매월 나가는 비용이 적어서 부담되지 않는다고 생각하겠지만 이자 비용을 고려한다면 할부는 좋은 선택지가 아니다.

우리가 은행에서 이자를 받을 때는 세금을 제외하고 받지만 반대로 우리가 이자를 낼 때는 전액 그대로 납부해야 하기에 할부는 절대 피하자. 명심하자.

본인이 모르는 곳에는 투자하지 말자

과거에 P2P 대출이 유행했던 적이 있다. P2P라는 단어는 익숙할 것이다. Peer to Peer라는 뜻으로 개인 대 개인을 이어준다는 의미이다. 여기에 대출이라는 상품을 결합했다고 보면 된다. 개인이 온라인 플랫폼에 돈을 맡기면 돈이 필요한 개인에게 돈을 대출해 주는 것이다.

왜 P2P 대출이 유행했었을까? 금리가 시중은행보다 훨씬 높았기에, 이 사업이 유행했었다. 나 역시 이자를 조금이라도 더 받을 수 있다는 광고에 일부 금액을 예치했었다. 몇 달간은 이자도 지급이 잘 되고 만족스러웠다. 하지만 시간이 어느 정도 지나고 이자가 지급이 안 되고 원금도 회수가 안 되는 상황이 발생했다. 물론 큰 금액은 아니었지만 아깝기는 했다. 과거에는 이런 P2P 회사들이 많왔기에 사회적으로도 문제가 되었던 상황까지 있었다. 지금은 금융 제도권으로 포함돼서 과거에 겪었던 나 같은 사례가 많이 줄어들었을 것이다. 이 일을 겪으면서 느낀 점은 한 가지다. 내가 모르고 공부가 안된 투자처에는 절대 투자하지 말자는 것이다. 세상에는 본인의 돈을 노리는 사람들이 생각보다 많다는 점을 기억해야 한다.

가끔 길을 지나다 보면 초기 투자금 얼마에 몇 년 동안 고수익 보장 등의 내용을 접하게 된다. 정말 좋은 상품이면 본인이 먼저 투자한다고 보면 된다. 그렇게 좋은 투자 방법을 왜 다른 사람에게 홍보까지 하면서 공유하려고 하겠는가. 그런 상품들 대부분은 단기간에 돈을 더 모으고 싶은 사람들의 심리를 이용한 상술이라도 보면 된다.

투자하기 전에는 정말 지독하게 공부해 보고 본인이 확신을 가지고 투자해야 한다. 주위 사람들의 경험담이나 단순히 고수익 보장 이런 문구들에 휘둘려서는 자본주의 사회에서 내 돈을 안전하게 지켜낼 수 없다. 공부하기 싫거나 투자하는 것이 무섭다면 마음 편하게 예금자 보호가 되는 예금과 적금 상품에 가입해야 한다. 개인들을 유혹하는 정말 다양한 광고들이 있기에 잘 걸러내는 내공을 길러야 한다.

경제 신문과 친해져야 한다

경제와 돈에 대한 내공을 쌓는 방법들은 어떤 것들이 있을까? 가장 좋은 방법은 경제 신문이 아닐까 싶다. 나는 과거에 경제 신문을 보다가 단기간에 경제 지식을 키울 수 있는 좋은 방법이 없을까 찾다가 유료 사이트에서 매일 경제 자료를 보내주는 상품에 가입했던 적이 있다. 매일 뭔가 자료를 스마트폰으로 전송받다 보니까 금방이라도 경제에 대해서 해박한 지식을 쌓을 수 있다고 착각했었다. 하지만 어려운 지표들을 눈으로 매일 본다고 해서 경제 지식이 늘어나지 않았다. 결국 다시 경제 신문을 읽기 시작했다.

처음에는 무슨 말을 하는지도 용어도 정말 생소할 것이다. 하지만 1년 정도가 지나면 점점 경제 용어들이 눈에 들어오는 것을 느낄 것이다. 경제는 사이클을 가지고 움직이기에 나오는 단어들과 이야기들이 반복되는 경우들이 많다. 하지만 단순히 눈으로 읽고 넘어가면 시간이 지나도 제자리걸음이 된다. 모르는 용어들이 나오면 꼭 한 번이라도 찾아보고 다음에 동일한 용어가 나오면 이해하는 수준이 되어야 한다. 신문을 모두 읽을 시간이 안 나는 사람들은 1면이라도 꼭 챙겨보면 좋다. 1면은 말 그대로 그 신문의 메인이기에 굉장히 중요한 내용이라고 생각하면 된다.

스마트기기로 신문을 보기보다는 활자로 된 종이 신문을 읽는 것이 좋다. 스마트기기로 읽는 부분은 휘발성이 크기 때문이다. 우리가 책을 볼 때도 스마트기기로 보는 것과 종이책으로 보는 것의 느낌이 다르지 않은가.

종이 신문의 경우 본인이 중요하다고 생각하는 부분은 스크랩해서 보관하는 방법도 좋은 방법이다. 스크랩한 부분들을 책으로 만들어 두고 시간이 지나고 살펴보면, 경제 상황마다 경제 신호등이 무슨 색이었는지 복기하는 재미도 있다.

말했듯이 나는 종이 신문을 선호하고 추천하지만 각자의 방식으로 경제 지식으로 쌓는 방법을 꼭 찾길 바란다.

직장인의 부의 3단계, 소비, 소득, 투자

직장인이라면 한 번쯤 계산해 봐야 하는 것이 있다. 본인이 직장을 다니는 동안 평생 받게 될 월급의 합계다. 미래의 연봉을 알 수 없는데 어떻게 계산하냐고 생각할 수 있지만, 정확한 금액일 필요는 없다. 본인의 연봉에 물가상승률이나 임금 상승률을 적용하여 미래의 연봉을 계산해도 된다.

그럼, 이 계산을 왜 해야 할까? 30살에 직장생활을 시작했다고 가정하면 정년 60세까지 대략 30년 치 월급을 받게 된다. 이 금액을 직접 계산해 보고 여기에 대략적인 세금을 제외하면 실제 수령액이 생각보다 큰 금액이 아님을 알 수 있게 된다. 그 금액에서 40%~50% 정도는 소비한다고 계산하면 실제로 남는 돈은 정말 적어 보이게 된다.

회사는 굶어 죽지 않을 정도로만 월급을 준다는 우스갯소리를 들은 적이 있다. 월급을 많이 주면, 직원이 다른 생각을 하게 된다는 추가 멘트도 함께 재미있게 들었던 기억이 있다. 나는 이 말에 어느 정도는 공감한다. 그럼 이렇게 제한적인 월급만을 받는 직장인이 남들보다 편안한 노후를 보내기 위해서는 어떻게 해야 할까.

축구에는 공격수, 미드필더, 수비수가 균형을 잘 이루어야 경기에서 승리할 수 있다. 본인만의 경제 축구팀을 운용하고 있다고 가정한다면 수비수인 소비를, 미드필더인 소득을, 공격수인 투자를 잘해야만 자본주의 사회에서 승리할 수 있다고 생각한다. 어느 한 곳이 제 기능을 하지 못하면 아무리 다른 포지션에서 우수한 기량을 가지고 있다고 해도 이길 수 없다고 생각한다.

가장 먼저 수비수인 소비를 절제해야 한다. 축구에서도 아무리 골을 많이 넣어도 수비수가 제 역할을 못하면 경기에서는 패배하기 마련이다. 소비를 절제하는 방법으로는 가계부를 작성하던지 본인만의 소비패턴을 확인한 후 필요없는 소비들은 과감히 없애는 방향으로 해야 한다.

그리고 축구에서 미드필드와 같은 역할을 하는 소득을 유지해야 한다. 직장을 다닐 때는 회사에서 나오는 월급의 소중함을 제대로 알지 못한다. 그러다 회사를 나오게 되거나 어떠한 사정으로 월급이 나오지 않으면 생활 자체가 불안정하게 된다. 일정한 소득의 원천인 월급을 소중하게 생각하고 오랫동안 유지할 수 있어야 한다.

마지막으로 공격수인 투자이다. 소비를 절제하고 소득을 유지하는 것만으로는 앞에서 확인해 본 직장생활 총 월급의 범위에서 벗어나지를 못한다. 그 이상으로 올라가기 위해서는 투자를 꼭 해야만 한다. 투자라는 것이 거창한 것이 아니다. 예금과 적금을 하던, 주식에 또는 부동산에 투자하던 어느 것이든 투자가 된다.

이렇게 소소투(소비, 소득, 투자)의 삼박자를 고르게 갖추고 시간이 지나면 노후에 경제적으로 어려움을 겪지 않는 삶을 살 수 있을 것이다.

유리 천장을 뚫는 소득 구조

　다수의 직장인은 회사를 출근하고 노동의 대가로 월급을 받는다. 매일 출근 및 근무 후 퇴근하는 일상을 지속해서 하다 보면, 퇴근 후에는 피곤함이 밀려와서 직장동료들과 삼삼오오 모이거나 집에서 유튜브를 보면서 잠이 드는 패턴이 반복된다. 하지만 이런 일상을 지속하다 보면 내 삶이 1년이 지나도 10년이 지나도 바뀌는 부분은 하나도 없을 것이다. 내 삶을 조금이라도 변화시킬 행동을 해보기를 추천한다.

　요즘은 디지털노마드라는 신조어가 있듯이 인터넷만으로 다양한 일들을 해볼 수가 있다. 직장인 3대 거짓말이라는 말이 유행인 적이 있다. 첫 번째 "퇴사할 거야"! 두 번째 "유튜브할 거야!" 세 번째가 "퇴사하고 유튜브할 거야!"이다. 유튜버라는 직업이 부업 또는 본업으로 매력적이라고 생각해서 생겨난 말이다.

지금은 N잡러 시대이기에 유튜브가 되었던 다른 어떤 것이 되었든 본업 이외에 부수입을 만들 수 있는 파이프라인을 구축하는 것이 좋다. 유튜브가 되었든 블로그가 되었든 혹은 스마트스토어와 같은 상품판매가 되었든 간에 해본 사람과 해보지 않은 사람의 차이는 크다. 대부분은 이미 레드오션인데 해봤자 시간만 낭비라고 생각해서 도전조차 해보지 않는다.

아무것도 하지 않은 채 내일은 뭔가 다를 것이라는 생각이 더 말이 안 되지 않을까? 대부분의 N잡은 오프라인 매장이 필요하지 않기에 창업비용이 들지 않는다. 퇴근하고 집에서 유튜브를 보는 것보다는 유튜브를 만들어보도록 하자.

돈을 버는 사람들은 소비자가 아니라 생산자이기 때문이다. 유튜브, 블로그, 스마트스토어 같은 것들의 본질은 본인이 잘 아는 또는 잘 팔 수 있는 제품을 좋은 홍보와 함께 다수의 사람에게 판매하는 행위이다. 어떤 것을 시작하더라도 본인이 잘 아는 것으로 시작하는 것이 단기간에 그만두지 않고 오랜 시간 할 수가 있다. 본인이 어떤 것을 좋아하는지 모르거나 좋아하는 게 없다고 생각하는 사람도 있다. 그런 사람들은 이 책을 통해서 공모주 이익을 얻는 부분을 주제로 만들어보면 좋지 않을까? 평범한 사람들도 월급 이외에 일정 부분 이익을 얻을 수 있다는 점은 굉장히 매력적으로 다가올 테니 말이다. 이런 파이프라인을 최소한 1년에 한 개라도 도전해 보자.

다수의 직장인은 월급 유리 천장이 있다. 본인이 하기에 따라 소득이 늘어나는 상방이 열린 파이프라인들을 구축해야 한다. 월급 유리 천장을 부수기 위해서라도 당장 어느 것을 시작해야 할지 모르겠다면 배달 아르바이트라도 해보면서 월급 이외의 소득을 발생시키는 경험을 해보도록 하자. 분명 한 가지라도 해본 경험이 있는 사람과 없는 사람의 차이는 크다는 것을 알게 될 것이다.

무주택자 vs 유주택자

MZ 세대들이 코인이나 주식에 많이 투자한다는 기사들을 봤다. 그도 그럴 것이 부모의 도움 없이 월급만 모아서는 수도권의 집 한 채 사기가 어려운 상황이기 때문이다. 집값이 천정부지로 올라서 부동산 대신에 다른 투자처로 코인이나 주식을 찾는다는 것인데, 투자의 대가인 피터 린치도 본인 소유의 집에 대해서는 필요성을 이야기했다. 돈이 있어야 집을 산다고 생각하기 쉬운데 본인의 재정 상황에 맞게 부동산을 매수하면 된다. 물론, 어느 정도는 시드머니를 모으는 일부터 해야겠지만 말이다.

대한민국 개인 자산에서 부동산이 차지하는 비중은 얼마나 될까? 통계에 따르면 70%를 훌쩍 뛰어넘는다고 한다. 대부분 자산이 부동산이라고 말해도 과언이 아니다. 집은 그렇게 많은데 내 집 한

채 없다고 하소연하는 사람들을 주위에서 심심치 않게 볼 수 있을 것이다. 나 또한 집은 해마다 엄청나게 많이 짓는데 왜 내 집은 없냐고 생각해 본 적이 있다. 내 고민의 답은 판단 잘못과 결정장애 때문이라는 결론이 났다. 한때 벼락 거지라는 단어가 유행했던 적이 있다. 집값이 하루가 다르게 상승해서 무주택자들은 가만히 있어도 거지가 되었다는 웃지 못할 상황이 연출된 것이다. 몇 년간 그렇게 벼락 거지라고 느낀 20~30세대들이 주택시장에 뒤늦게 뛰어들고 집값 상승을 어느 정도는 지탱해 주었었다. 하지만 본인의 재정 상태를 고려하지 않고 무리하게 부동산을 매수했던 사람들의 경우 이자가 급등하면서 결국 집이 경매에 넘어가는 불상사가 발생하기도 했다. 집은 필요하지만, 본인의 재정 여력에 맞게 사야 한다. 집은 대출을 받아서 사는 부분이 맞지만, 대출을 한도까지 다 받은 후 금리 인상 등 변수에 대응하기 어려운 상황을 맞이하면 안 된다.

집을 사겠다는 마음을 먹었다면 어디에 집을 사야 할까? 라는 생각이 들 것이다. 개인마다 상황이 다르겠지만 내 생각에는 무조건 역에서 도보로 가능한 지역에 사야 한다고 생각한다. 한국 사회는 점점 시간이 지날수록 고령화 사회가 가속화되기에 역까지 도보로 이동할 수 있어야 병원 등의 시설을 이용하기 편리하기 때문이다.

학세권, 숲세권 등 다양하지만 수도권 기준으로, 가장 우선으로 고려해야 할 부분은 역 근처에 있어야 한다는 것이다. 부동산 가격에 대해서 또 한 가지 생각해 볼 부분은 화폐가치인데, 어느 지역의 주택 가격이 5억에서 10억이 되었다는 기사를 보면서 부동산 가격이 거품이라고 생각할 수 있다. 하지만 5억에서 10억이 되기까지 몇 년의 시간이 걸렸는지 그래프를 보면 최소 몇년 이상의 시간이 걸리고 길게는 10년도 더 걸렸을 것이다.

우리가 흔히 과거의 물가를 이야기할 때 짜장면 가격을 이야기하는데 짜장면 가격은 3~4천 원에서 7~8천 원이 되기까지 10년의 세월이 걸린 것은 인정하지만, 부동산 가격이 5억에서 10억이 되는 것은 이해하기 힘들다는 생각은 버려야 한다. 화폐는 지속해서 발행되기에 가치는 시간이 지날수록 그만큼 아니, 그보다 많이 떨어진다. 부동산 가격이 올랐다고 생각하지 말고 화폐가치가 그만큼 하락했다고 접근해야 한다.

악독한 집주인을 만나라

내가 집을 사야겠다고 결심하게 된 에피소드가 있다. 전세로 아파트에 거주 중일 때였다. 거실 천장에서 물기 같은 얼룩들이 생겼길래 임대인에게 연락을 취했다. 거실 천장에서 물이 새지는 않지만 얼룩이 생겨서 연락을 드린다고 말하고 얼마 뒤, 집주인이 인테리어 담당자와 집을 방문하였다. 인테리어 담당자가 거실 천장을 보고는 거실부터 주방까지 천장을 뜯어내고 수리를 해야 한다고 말하는 것이었다. 지금 임차 기간인데 그냥 수리하겠다는 생각인가? 하고 이야기를 끝까지 들어보았다. 수리할 테니 불편하더라도 양해를 부탁드린다는 이야기였다.

당시 내 상식으로는 이해가 되지 않았던 상황이라 거주 중인 집에서 공사하면 안 될 거 같다고 이야기하였고 서로 난처한 상황을 맞이한 적이 있었다. 실랑이가 있었지만, 임차하는 기간에는 임차인에게 집에 대한 권리가 있고 임차인인 내가 수리를 요청한 부분이 아니기에 수리는 진행되지 않았다. 그 일이 있고 나서 곰곰이 고민하다가 집을 사야겠다는 생각에 이르게 되었고 집을 매수하게 되었다.

지금 돌이켜 생각해 보면 그때, 임대인의 방문이 없었다면 아직도 집을 사지 않았을까 하는 생각을 해본다. 이 에피소드에 임대인은 악독하지는 않았다. 그러나 악독한 집주인을 만나면 집을 사게 된다는 이야기가 있다. 그만큼 임차인이 불편함을 느끼면 본인 소유의 집을 사게 된다는 말이다. 정말 착하고 잘해주는 임대인을 만나면 불편함을 전혀 느끼지 못해서 해당 집에서 오랫동안 거주하는 경우들이 있다. 그런 임대인들은 임차인의 편의를 봐주기 위해서라도 먼저 연락하지도 않고 임차료도 올리지 않는 때도 있다. 편하게 집을 임대해서 살게 되면 집에 대한 필요성을 느끼지 못해서 집을 매수하지 못하게 되는 것이다.

어느덧 집을 매수할 기회를 시간과 함께 놓치게 되고 혹여 집주인이 바뀌거나 상황에 따라 이사를 할 경우가 생기면 그동안 집을 매수하지 못한 것을 후회하게 된다. 그렇기에 무주택자분들은 집을 매수해야겠다는 필요성을 느낄만한 상황을 꼭 맞닥뜨리길 바란다. 과거의 악덕 집주인은 미래의 부를 준 집주인이 될 수 있다.

전세보다는 월세로

꽤 오랜 기간을 전세로 살았던 기억이 있다. 그 당시 전세에 관한 생각은 매월 임차료를 내지 않아도 되고 가지고 있는 돈도 돌려받게 되니 나쁘지 않다고 생각했었다. 하지만 시간이 지나서 돌이켜보면 최악의 선택을 한 것이라는 생각이 들었다. 차라리 그 당시에 월세로 살았으면 더욱 빨리 집을 사려고 노력했을 텐데라는 후회를 했다.

지금도 월세보다는 전세가 낫다고 생각하는 사람들이 많이 있다. 하지만 생각을 조금 바꿔보면 5억짜리 전세금을 4%의 예금에 넣어두면 단순 수치로 연간 2천만 원이다. 보증금 5천에 140만 원짜리 월세에 사는 것과 같은 수치이다. 단순 수치로만 보면 안 되고 5억의 투자에 대한 기회비용을 상실하는 것도 고려해야 한다.

기회는 무한정 기다려주지 않기에 필요한 시기에 투자해야 한다. 5억에서 보증금 5천만 원을 제외한 4억 5천이라는 금액을, 전세를 안고 부동산을 매수한다면 어떨까? 월세로 거주하게 되면 본인의 거주도 해결함과 동시에 투자도 같이할 수 있는 두 마리 토끼를 사냥하게 되는 셈이 아닐까 싶다.

나는 지금 유주택자이지만 거주 형태는 월세이다. 내가 임차해 준 아파트에서 나오는 임차료로 내 월세를 충당하고 대출의 이자도 같이 상환하고 있다. 임차인이 내 대출금을 상환해 주고 있다고 생각하니 대출금에 대한 부담도 없다. 물론 내 소유의 아파트보다 현재 거주 중인 아파트의 월세 가격이 저렴하기에 가능한 구조이다. 조금은 불편함을 감수하면서라도 수익 구조의 변화를 꾀하는 것이 좋다. 직장생활을 평생할 수가 없기에 어떤 방법을 사용해서도 본인의 수익 구조는 다변화해야 한다.

대출을 겁내지 마라

과거의 나는 부동산을 매수하기까지 많이 고민했었고 오랫동안 실행에 옮기지 못했었다. 왜 그랬을까 복기를 해보면 대출을 일으키는 것이 굉장한 부담으로 다가오지 않았나 싶다. 외벌이 4인 가족이기에 대출금을 상환하는 것이 큰 부담으로 다가왔을 것이다. 하지만 부동산을 매수하고 나니 다른 시각으로 접근하게 되었다. 어떻게 하면 조금이라도 더 많은 금액을 대출받을 수 있겠냐고 말이다. 대출도 능력이라는 말이 있지 않은가. 장기투자 재화인 부동산의 경우 대부분의 사람이 대출 없이는 살 수가 없기에 대출에 대해서 두려워할 필요가 없다고 생각이 바뀌었다. 다른 평범한 사람들도 다 대출받는다고 생각하면 마음이 한결 편안해질 것이다. 물론 시기와 어떠한 부동산을 살 것인지는 전적으로 본인의 판단이다. 주식이나 코인을 사용하기 위한 대출이라면 말리고 싶지만, 본인의 보금자리를 위한 대출이라면 부동산 가격의 상승과 하락에 민감하게 반응할 필요는 없다고 본다.

주택연금이 과연 좋은 것일까?

노후를 위한 대비책으로 주택연금이 많이 거론된다. 기본적인 국민연금으로는 노후 생활이 불안정하기 때문이다. 그럼, 주택연금은 무엇일까? 개인이 가진 12억 이하의 집을 국가에 담보로 맡기고 사망할 때까지 매월 연금으로 받는 형식이다.

노후 준비가 제대로 안 되어있고 가진 재산이 집 1채이며 물려줄 자식들이 없다면 이 방법이 좋다고 보인다. 해당 집에서 사망 시까지 거주할 수 있으며 부족한 생활비를 추가 연금 형태로 지급받으니 굉장히 좋은 제도임은 틀림없다. 거기에 집값이 하락해도 책정된 연금액에는 변화가 없으니 말이다. 책정된 집의 가치보다 더 많은 연금을 받는다고 해도 국가에서 환수하지도 않는다. 국가에서 보장하는 정말 좋은 제도이다.

하지만 단점도 존재한다. 주택의 가격을 공시지가 기준으로 계산하기에 생각했던 금액보다 수령액이 적을 수 있다. 그리고 주택 가격이 하락할 때도 마찬가지이지만 상승할 때도 가격이 반영되지 않는다. 그렇기에 집값이 상승하는 추세에는 해지하려는 문의가 많은데 보증료 및 일부 수수료가 발생한다.

주택연금은 정말 최후의 보루라고 생각하고 접근하는 게 어떨까 한다. 집값은 결국 토지와 콘크리트 구조물의 합산인데 대한민국처럼 70%가 산지로 이루어진 나라에서 토지의 가치는 시간이 지날수록 상승하지 않겠느냐는 생각이다. 개인적으로 수도권 부동산은 사고파는 것이 아니라 사놓고 시간이 지나면 된다고 생각하는 재화이기 때문이다.

선물 및 레버리지는 사용하지 마라

주식을 하는 사람들은 선물과 레버리지라는 말을 들어봤을 것이다. 선물이라는 것은 물건을 미리 산다는 뜻으로 미래 상품의 가격을 예측해서 사는 것이다.

예를 들어보자. 우산을 만들어서 파는 사람이 있다. 올해는 장마가 짧을 것으로 생각한다. 다른 한편, 우산을 파는 도매업자가 있는데 이 사람은 반대로 장마가 길 것으로 생각한다. 원래 우산 가격은 1만 원인데 우산 도매업자는 장마가 길어지면 우산의 판매량이 늘어나기에 미리 우산을 사놓고 싶을 것이다. 그래서 우산을 제조하는 사람에게 1만 천원의 가격에 천 개를 사겠다고 제안한다. 우산을 만드는 사람은 올해 장마가 짧을 것으로 예상해서 우산 수요가 줄어들지 않을까 걱정했지만, 우산 도매업자가 1천 원씩 더 비싸게 산다고 하니 기분이 좋아졌다. 거래는 성사되고 시간이 흘러 장마가 되었다. 우산 도매업자의 생각과는 다르게 장마가 짧아져서 비가 거의 오지 않아 1만 천 원에 산 우산은 9천 원에 팔리게 되었다. 우산 도매업자는 1개당 2천 원씩 총 2백만 원의 손해를 보게 되었다.

선물은 미래에 대한 예측을 토대로 거래가 되기에 위험성이 크기에 하면 안 된다는 것이다. 선물과 함께 레버리지도 사용하면 안 된다. 레버리지의 사전적 의미는 적은 힘으로도 무거운 물체를 들어 올리는 지렛대라는 뜻이다. 100만 원을 가지고 어떤 종목에 투자하게 되면 그 주식의 상승과 하락하는 만큼의 이익과 손실을 보게 된다. 하지만 예를 들어 2배 레버리지를 사용하게 되면 그 상승과 하락이 각 2배씩 커지게 된다고 보면 된다. 이른 시일 안에 돈을 벌고 싶은 마음은 알겠지만 그만큼 위험 부담이 크기에 선물과 함께 사용하지 않았으면 한다.

보험은 최소한의 것만 가입하자

　직장을 다니게 되면 지인이나 추천을 통해 보험 상품 가입 요청을 많이 받게 된다. 나 역시 취업하면서 보험 및 여러 상품을 권유받게 되었다. 그때는 사회 초년생이기에 어떤 상품이 나에게 적합한지 어떤 상품이 필수인지 모르던 시기였다. 보험은 말 그대로 미래의 상황을 대비한 것인데 현재 상황을 악화시키는 결과를 초래하게 되면 안 된다. 일단 운용비가 많이 들어가는 보험들은 피하는 것이 좋다. 아무리 수익률이 높다고 하여도 운용비가 많이 들어가면 나에게 돌아오는 것은 적다는 것을 알아야 한다.

　사회 초년생 당시 내가 선택한 보험은 연금보험과 실손보험 2가지뿐이다. 지금은 암보험부터 치아 보험 등등 여러 보험이 있지만, 본인의 가족력이 있는지 확인을 해보고 해당 사항이 없다면 그 보험은 가입하지 않는 것을 추천한다. 차라리 그 보험금을 본인의 보험금 통장이라는 이름으로 만들어서 저축하는 것이 훨씬 옳은 선택이라고 생각한다. 필요하지는 않지만, 혹시 몰라서 가입한 보험들이 있을 것이고 해지하면 손해가 클 것이라는 생각에 해지를 망설이는 지인을 보았다. 지금까지 낸 돈이 아깝다고 앞으로 더 많은 돈을 납입하겠냐고 지인에게 조언했고 지인은 그 보험을 과감하게 해약하고 매월 납부금을 다른 곳에 투자하기로 했다.

사람마다 다르겠지만 보험비로 지출되는 금액이 본인 월 소득의 5%를 넘으면 안 된다고 생각한다. 그 이상을 넘으면 보험이 미래의 나를 위한 우산이 아니라 현재의 내 삶을 갉아먹는 벌레가 된다고 생각한다. 보험으로 인해서 현재의 내가 허우적거리는데 미래의 내가 달라질 수 있다고 생각하면 안 된다.

마중물 머니는 빨리 모을수록 좋다

사람은 나이가 들수록 돈의 소중함에 대해 깨우치게 된다. 젊을 때는 사고 싶은 것도 많고 해보고 싶은 것들도 많다. 새로운 것을 소비하고 새로운 여행지를 관광한다. 이것 또한 경험이라는 포장지를 씌우며 괜찮다고 위안으로 삼는다. 주위에서 부동산을 사고 자산을 축적해 나가는 것을 보면 나는 월급이 적어서 돈을 모을 수가 없었다고 말한다.

예전 시골에 가보면 물을 길어 올리는 펌프가 있다. 지하수가 바로 올라올 수 없기에 물 한 바가지를 부어주면 펌프가 작동되어 물이 올라오는 구조이다. 여기에서 물 한 바가지가 마중물이다. 그 물 한 바가지가 없으면 물을 길어 올릴 수가 없기에, 굉장히 필요하고도 고마운 것이다. 우리는 이런 마중물 머니를 빨리 모으는 것을 목표로 해야 한다. 마중물 머니를 모으는 시기가 늦어진다는 것은 100m 달리기에서 다른 선수들은 출발했는데 혼자만 출발선에서 덩그러니 남아있는 상황인 것이다. 돈은 시간이라는 친구와 함께 복리로 움직이기 때문이다.

돈에 대한 인생 계획표를 만들어라

사회에 나오고 나서 하루하루가 매일 어떻게 지나가는지 모르게 흘러간다. 매일 같은 일상을 반복하면 시간이 더욱 빠르게 지나가게 느껴진다는 연구 결과도 있다. 시간이 흐르다 보면 어느새 20대를 지나고 30대를 거쳐 40대에 도달하게 된다. 남들보다 편안한 60대 이후의 노후를 보내기 위해서는 30~40대 승부를 봐야만 한다.

본인의 돈과 싸움을 벌여야 한다는 말이다. 돈과 싸움에서 이기려면 돈에 대한 인생 계획표를 만드는 것이 좋다. 사람마다 상황에 따라 다르겠지만 어릴 적에 생활 계획표라는 것을 다들 만들어봤을 것이다. 똑같다고 보면 된다. 다만 달라진 것은 그때의 생활 계획표는 하루 24시간을 기준으로 만들었다면 인생 계획표는 내 나이대를 기준으로 만들면 되는 것이다.

먼저, 큰 틀에서 10년 단위의 계획을 짜보는 것이다. 10년 단위 나이는 각자마다 다르겠지만, 내가 29살까지는 얼마만큼의 돈을, 어떤 자산을 취득하겠다고 목표를 정하는 것이다. 그리고 10년 후 39세까지 그리고 10년 후 49세까지는.

10년 단위의 계획을 세웠다면 5년 단위의 계획을 세우자. 10년 단위이기에 중간 점검하는 나이대가 있어야 한다. 5년 단위에는 10년 단위 계획의 목표에서 몇 % 정도 달성했는지 점검하는 차원에서 계획을 세우면 좋겠다.

마지막으로 가장 세분된 1년 단위이다. 1년 단위는 얼마만큼의 자산이 늘어나고 있는지 점검하는 표도 같이 만들어서 활용하도록 하자.

참고로, 현재 내가 사용하고 있는 자산 평가 테이블이다. 매월 말일이 되면 나의 자산 변동에 대해서 기록하고, 12달을 기록하게 되면 1년 단위의 계획이 완성되는 것이다. 이렇게 돈에 대한 인생 계획표를 작성하면서 5년, 10년을 보낸다면 시간이 지난 후에는 훨씬 풍족한 삶을 살고 있을 것이라고 자신한다.

구분	종류	2024년 12월			2025년 1월		
		원금	수익률	잔금	원금	수익률	잔금
유동성	국내주식						
	해외주식						
	ISA 계좌						
	IRP 계좌						
	연금저축 펀드						
	퇴직연금						
	기타						
	유동성 합계						
비유동성	전월세 보증금						
	예적금						
	달러(외화)						
	엔화(외화)						
	현금						
	기타						
	비유동성 합계						
합계				₩0			₩0
				증감	₩0		

부루마블은 인생의 축소판

어릴 적에 부루마블이라는 게임을 즐겨 했던 기억이 있다. 나라별 도시가 표시된 사각 종이판에 주사위를 굴려서 해당 도시에 도착하면 건물과 나라를 사는 게임이다. 한 바퀴를 돌면 월급을 받는 재미도 있기에 과거에 많이 유행했던 보드게임이다. 이 게임의 특징은 상대방을 파산시키는 데 있다. 내가 먼저 구매한 도시에 다른 사람이 도착하면 사용 비용을 지급하게 되어있다. 이 게임을 생각해 보면 인생의 축소판이 아닐까 싶다.

먼저 자산을 취득한 사람이 다른 사람에게 자산을 빌려주고 비용을 받으니까 말이다. 게임을 이해 못 한 사람은 판을 한 바퀴 돌 때마다 받는 월급이 좋아서 도시를 구매하지 않고 빠르게 도는 것에 목적을 두게 되지만, 게임을 제대로 이해했다면 거점 도시들을 다른 사람보다 빠르게 구매하려고 할 것이다. 결국 도시(자산)를 많이 보유한 사람은 당장 현금이 적어도 시간이 지남에 따라서 다른 게임참가자로부터 받은 현금으로 점점 부자가 되어가고 도시(자산)가 없는 사람은 그 많던 현금들은 어느새 사라지고 파산을 목전에 두고 있게 되는 것을 볼 수 있다.

우리가 즐겨하던 부루마블에서 한 바퀴는 직장에서의 한 달 월급이라고 생각된다. 그 월급날만을 목 놓아 기다리고 자산을 구매하지 않는다면 결국에는 파산만이 기다리고 있지 않을까 싶다. 부루마블은 게임이기에 실패해도 몇 번이고 다시 시작할 수 있지만, 인생은 한 번뿐이기에 되돌릴 수 없다. 그렇기에 지금, 이 시점에서라도 시드머니를 모으고 소득을 늘릴 방법을 생각하고 자산을 취득해야 한다. *Right Now.*

에필로그

두 아이의 아버지로서, 한 집안의 가장으로서 회사만 바라보며 꾸준히 달려왔다. 어느덧 40대를 목전에 둔 시점에 지인들은 한 명씩 자산을 형성해 가는 것을 보면서, 이제는 이렇게 살면 안 되겠다는 생각이 들었다. 회사에서 주는 월급 이외에 다른 수입원이 있는 동료에게 노하우를 물었고 초기 자본금 및 여러 상황이 나와 맞지 않는다고 느꼈기에, 다른 방법을 찾던 중 공모주라는 것을 알게 되었다. 처음 몇 번 이익을 얻을 때는 이렇게 쉽게 돈이 벌린다는 것이 신기해하며 반신반의했었지만, 시간이 지날수록 익숙해지면서 확실한 수입원으로 자리 잡게 되었다.

이 책을 통해서 주식은 불안정하지만, 돈은 벌고 싶은 사람들에게 돈을 공급해 주는 파이프라인의 하나로 공모주가 자리매김했으면 하는 바람이다. 그리고 이 책의 후반부는 내 아이들이 험난한 자본주의에서 돈에 관한 생각을 조금은 일찍 깨달았으면 하는 바람으로 썼다.

가난하게 태어난 것은 본인의 잘못이 아니지만 죽을 때까지 가난한 것은 본인의 잘못이라는 말이 있지 않은가. 이 책을 통해서 공모주를 하는 방법뿐 아니라 돈에 대한 관리 및 투자에 관한 생각도 같이 공유했으면 한다. 이 책 5부에는 "노후"란 단어가 많이 나오는데, 노후에 대한 대비가 전부는 아니겠지만 나이가 들어서 돈이 없다는 것만큼 비참한 일은 없다는 생각이 들기에 노후 대비의 관점에서 많은 부분이 작성되었다.

마지막으로 세상에서 누구보다 소중한 내 아이들이 이 책을 읽고 아빠보다는 조금 더 빠르게 자본주의에 눈을 떴으면 한다.

윤종현